A VIDA DIGITAL

NICHOLAS NEGROPONTE

A VIDA DIGITAL

Tradução:
SÉRGIO TELLAROLI

Supervisão técnica:
RICARDO RANGEL

2ª edição
7ª reimpressão

COMPANHIA DAS LETRAS

Título original:
Being digital

Capa:
Gabriel Zellmeister
Cuca Petit

Revisão:
Eliana Antonioli
Ana Paula Cardoso

Dados Internacionais de Catalogação na Publicação (CIP)
(Câmara Brasileira do Livro, SP, Brasil)

Negroponte, Nicholas
A vida digital / Nicholas Negroponte ; tradução Sérgio Tellaroli ; supervisão técnica Ricardo Rangel. — São Paulo : Companhia das Letras, 1995.

Título original: Being digital
ISBN 85-7164-455-1

1. Comunicação digital — Aspectos sociais 2. Meios de comunicação interativo — Aspectos sociais 3. Rede de computadores — Aspectos sociais 4. Tecnologia e civilização I. Título.

95-1402 CDD-303.4833

Índices para catálogo sistemático:
1. Informação : Tecnologia : Interação : Mudança social : Sociologia 303.4833

2003

EDITORA SCHWARCZ LTDA.
Rua Bandeira Paulista, 702, cj. 32
04532-002 — São Paulo — SP
Telefone: (11) 3707-3500
Fax: (11) 3707-3501
www.companhiadasletras.com.br

Para Elaine,
que vem agüentando este meu ser digital
há exatos 11111 anos

SUMÁRIO

Terceira parte
A VIDA DIGITAL

Introdução

UM LIVRO PARADOXAL

Como sou disléxico, não gosto de ler. Quando criança, em vez dos clássicos, lia os horários dos trens e me deliciava inventando conexões imaginárias perfeitas de uma obscura cidade européia para outra. Essa fascinação rendeu-me uma excelente noção da geografia européia, em especial a da Suíça, onde, apesar de ser cidadão americano, freqüentei a escola por dois anos e meio.

Trinta anos mais tarde, como diretor do Media Lab do MIT, vi-me no meio de um acalorado debate nacional acerca da transferência de tecnologia dos institutos de pesquisa das universidades americanas para companhias estrangeiras. Logo fui convocado para duas reuniões com funcionários do governo e representantes da indústria, uma na Flórida, outra na Califórnia.

Em ambas essas reuniões serviu-se água Evian, em garrafas de um litro. Ao contrário da maioria dos demais participantes, eu sabia exatamente de onde provinha a água, de tanto ler os horários de trens. Evian, na França, está a mais de oitocentos quilômetros do oceano Atlântico. Ou seja, para chegar até ali, aquelas pesadas garrafas de vidro tinham atravessado quase um terço da Europa, cruzado o Atlântico e, no caso da reunião na Califórnia, percorrido ainda uma distância terrestre adicional de cerca de 5 mil quilômetros.

E lá estávamos nós discutindo nossa competitividade no campo da eletrônica e maneiras de proteger a indústria americana de informática, quando aparentemente éramos incapazes até mesmo de abastecer de água americana uma reunião de americanos.

Hoje, encaro essa minha história sobre a água Evian de forma bem diferente. Não se trata propriamente de uma água mineral francesa competindo com produtos americanos similares, mas, antes, de uma história que ilustra muito bem a diferença fundamental entre átomos e bits. No caso da água Evian, o que se fez foi despachar por via marítima uma massa enorme, pesada e inerte, navegando devagar, penosamente e a um alto custo por muitos dias e milhares de quilômetros. O comércio mundial tradicionalmente consistiu da troca de átomos feita dessa forma. Quando passamos pela alfândega, declaramos nossos átomos, e não nossos bits. Até mesmo a música gravada pelo processo digital é distribuída em CDs de plástico, incorporando custos imensos de embalagem, despacho e estocagem.

Isso tudo está mudando rapidamente. A movimentação regular, na forma de pedaços de plástico, de música gravada, assim como o lento manuseio humano da maior parte da informação, sob a forma de livros, revistas, jornais e videocassetes, está em via de se transformar na transferência instantânea e barata de dados eletrônicos movendo-se à velocidade da luz. Sob tal forma, a informação pode se tornar acessível para todos. Thomas Jefferson nos legou o conceito de bibliotecas públicas e o direito de consultar um livro de graça. Mas esse nosso grande antepassado jamais considerou a possibilidade de 20 milhões de pessoas terem acesso eletrônico a uma biblioteca digital, podendo retirar dela o material desejado sem nenhum custo.

A mudança dos átomos para os bits é irrevogável e não há como detê-la.

E por que agora? Porque essa mudança é também exponencial — o que ontem ainda era uma diferença pequena pode, de repente, acarretar conseqüências assombrosas amanhã.

Quem não conhece aquela brincadeira infantil sobre trabalhar um mês inteiro ganhando um centavo por dia, mas dobrando o salário a cada dia? Se, seguindo essa maravilhosa fórmula de reajuste, você começasse a trabalhar no dia 1º de janeiro, estaria ganhando mais de 10 milhões por dia no último dia do mês. Essa é a parte da história de que a maioria das pessoas se lembra. O que não percebemos é que, segundo essa mesma fórmula, estaríamos ganhando não mais de 1,3 milhão, se janeiro tivesse três dias a menos (ou seja, se fosse fevereiro). Dizendo de outro modo: sua renda acumulada para o mês de fevereiro seria, num cálculo grosseiro, de cerca de 2,6 milhões, em vez do total de 21 milhões ganhos em janeiro. Se um efeito é exponencial, aqueles últimos três dias significam muito! E, no que se refere à difusão dos computadores e das telecomunicações digitais, estamos nos aproximando desses últimos três dias.

Nesse mesmo ritmo exponencial, os computadores estão entrando em nossa vida cotidiana: 35% das famílias e 50% dos adolescentes americanos possuem um computador pessoal em casa; estima-se que 30 milhões de pessoas estejam hoje conectadas à Internet; 65% dos novos computadores vendidos no mundo todo em 1994 foram instalados em casas, e 90% dos que serão vendidos este ano deverão incluir um modem ou um aparelho de CD-ROM. Esses números nem sequer incluem os cinqüenta microprocessadores instalados em cada automóvel médio fabricado em 1995 ou aqueles contidos em sua torradeira, aparelho de ar-condicionado, secretária eletrônica, CD e até nos cartões de natal que tocam música. E se me equivoquei em algum dos números aí acima, é só você esperar um minutinho.

Esses números estão crescendo a uma taxa espantosa. O uso de um único programa de computador, um software para navegar pela Internet chamado Mosaic, cresceu, por semana, 11% entre fevereiro e dezembro de 1993. A própria população da Internet cresce hoje 10% ao mês. Se essa taxa de crescimento persistisse (o que é impossível), o número de usuários excederia a população mundial por volta de 2003.

Algumas pessoas se preocupam com a divisão social entre os ricos e os pobres de informação, os abastados e os despossuídos, o Primeiro e o Terceiro Mundo. A verdadeira divisão cultural, porém, apartará gerações. Quando encontro um adulto que vem me contar ter descoberto o CD-ROM, posso adivinhar que ele tem um filho entre cinco e dez anos de idade. Quando uma mulher me diz que descobriu a America Online, ela provavelmente tem um adolescente em casa. O CD-ROM é um livro eletrônico; a America Online, um veículo de socialização. Para as crianças, ambos são coisas naturais, assim como não pensamos no ar que respiramos (até sentirmos falta dele).

A informática não tem mais nada a ver com computadores. Tem a ver com a vida das pessoas. O gigantesco computador central, conhecido como *mainframe*, já foi substituído por microcomputadores em quase toda parte. Vimos os computadores mudarem-se das enormes salas com ar-condicionado para os gabinetes, depois para as mesas e, agora, para nossos bolsos e lapelas. Isso, contudo, ainda não é o fim.

No início do próximo milênio, nossas abotoaduras ou brincos poderão comunicar-se entre si por intermédio de satélites de órbita baixa, e terão um poder de processamento superior ao dos atuais micros. Nossos telefones não tocarão indiscriminadamente; eles irão receber, classificar e talvez até mesmo responder às chamadas, como um experiente mordomo inglês. Os meios de comunicação de massa serão redefinidos por sistemas de transmissão e recepção de informação personalizada e entretenimento. As escolas vão mudar, parecendo-se mais com museus e *playgrounds* onde as crianças poderão desenvolver idéias e se comunicar com outras crianças do mundo todo. O planeta digital será mais parecido com uma cabeça de alfinete, e assim as pessoas vão percebê-lo.

À medida que formos nos interconectando, muitos dos valores nacionais cederão lugar àqueles de comunidades eletrônicas maiores ou menores. Nós nos socializaremos em bairros digitais, nos quais o espaço físico será irrelevante e o tempo desempenhará um papel diferente. Daqui a vinte anos, o que veremos ao olhar por uma janela poderá estar a 8 mil quilômetros e seis fusos horários de distância. Ao assistirmos a uma hora de televisão, aquilo a que assistirmos poderá ter sido transmitido para nossos lares em menos de um segundo. O ato de ler um livro sobre a Patagônia poderá incluir a experiência sensorial de estar lá de fato. Um livro de William Buckley poderá ser uma conversa com o autor.

Mas por que, então, Negroponte, escrever um livro à moda antiga, e sobretudo sem uma única ilustração? Por que a Knopf está despachando *A vida digital* sob a forma de átomos e não de bits, considerando-se que estas páginas, ao contrário da água

Evian, podem facilmente assumir uma forma digital (a qual, aliás, está em sua origem)? Há três motivos para isso.

Primeiro, simplesmente não existem ainda dispositivos digitais em número suficiente nas mãos de executivos, políticos, pais e de todos aqueles que mais precisam entender essa cultura radicalmente nova. Mesmo onde os computadores são onipresentes, a interface atual é primitiva — desajeitada, na melhor das hipóteses: algo com que dificilmente pensaríamos em nos refestelar na cama.

A segunda razão é minha coluna mensal na revista *Wired*. O sucesso rápido e espantoso dessa revista mostrou que há um grande público interessado em informações sobre pessoas e estilos de vida digitais, e não apenas em teorias e equipamentos. A minha coluna (somente texto) provocou reações tão intensas e estimulantes que decidi retrabalhar muitos de meus primeiros temas, já que muita coisa mudou, mesmo no breve espaço de tempo decorrido desde que escrevi aquelas histórias. Sim, pois é isso o que elas são: histórias extraídas de anos e anos inventando novos sistemas para computação gráfica, comunicação entre pessoas e multimídia interativa.

O terceiro motivo é mais pessoal e ligeiramente ascético. A multimídia interativa deixa muito pouco espaço para a imaginação. Tal e qual um filme de Hollywood, a narrativa multimídia inclui representações tão específicas que deixa cada vez menos espaço para a fantasia. A palavra escrita, ao contrário, estimula a formação de imagens e evoca metáforas cujo significado depende sobretudo da imaginação e das experiências do leitor. Quando lemos um romance, muito da cor, do som e do movimento provém de nós mesmos. Eu acredito que esse mesmo tipo de expansão pessoal faz-se necessário para sentir e compreender o significado da "vida digital" para cada um de nós.

Meu desejo é que, ao ler este livro, você entre nele. E digo isso na qualidade de alguém que não gosta de ler.

BITS SÃO BITS

1

O DNA DA INFORMAÇÃO

BITS E ÁTOMOS

A melhor maneira de avaliar os méritos e as conseqüências da *vida digital* é refletir sobre a diferença entre bits e átomos. Embora não haja a menor dúvida de que estamos numa era da informação, a maior parte das informações chega até nós sob a forma de átomos: jornais, revistas e livros (como este aqui). Nossa economia pode estar caminhando rumo a uma economia da informação, mas medimos o comércio e fazemos nossos balanços pensando em termos de átomos. O GATT trata de átomos.

Recentemente, visitei o quartel-general de uma das cinco maiores empresas americanas fabricantes de circuitos integrados. Pediram-me que assinasse um registro de entrada e me perguntaram se eu trazia comigo um laptop. É claro que sim. A recepcionista perguntou-me o modelo, o número de série e o valor do aparelho. "Alguma coisa entre 1 e 2 milhões de dólares", respondi. "Mas isso não pode ser, senhor", replicou ela. "Como assim? Deixe-me vê-lo". Mostrei a ela meu velho PowerBook, cujo valor ela estimou em 2 mil dólares. Registrou então a soma, e eu pude entrar na empresa. A questão é que, embora os átomos não valessem tudo aquilo, os bits tinham um valor quase inestimável.

Não faz muito, estive presente a um encontro administrativo de altos executivos da PolyGram em Vancouver, no Canadá. O propósito da reunião era intensificar as comunicações entre as gerências e oferecer a todos um panorama do ano vindouro, incluindo-se aí muitas amostras de discos, filmes, jogos e vídeos de rock a serem lançados em breve. Tais amostras seriam despachadas para o encontro por intermédio da Federal Express, e sob a forma de CDS, CD-ROMS e fitas de videocassete — um material físico em embalagens de verdade, com peso e tamanho. Por infelicidade, parte do material ficou retido na alfândega. Naquele mesmo dia, eu estivera despachando e recebendo bits pela Internet em meu quarto de hotel, enviando-os e recebendo-os do MIT e de todas as partes do mundo. Ao contrário dos átomos da PolyGram, meus bits não ficaram retidos na alfândega.

A superestrada da informação nada mais é do que o movimento global de bits sem peso à velocidade da luz. Todas as indústrias, uma após a outra, olham-se no espelho e se perguntam sobre seu futuro; pois bem, esse futuro será determinado em 100% pela possibilidade de seus produtos e serviços adquirirem forma digital. Se você fabrica suéteres de cashmere ou comida chinesa, vai levar um bom tempo até que sejamos capazes de convertê-los em bits. O teletransporte é um sonho maravilhoso, mas é improvável que venha a se tornar realidade dentro de alguns séculos. Até lá, você terá de depender da Federal Express, das bicicletas e dos tênis para transportar seus átomos de um lugar a outro. Isso não significa dizer que a tecnologia digital não ajudará em nada no desenvolvimento, fabricação, comercialização e na gerência dos negócios baseados em átomos. Estou apenas afirmando que, em seu âmago, esse tipo de negócio não vai se modificar, e que seu produto não terá bits no lugar dos átomos.

Nas indústrias da informação e do entretenimento, bits e átomos são confundidos com freqüência. Uma editora trabalha no ramo da transmissão de informações (bits) ou no da confecção de livros (átomos)? Historicamente, ambas as alternativas estão corretas, mas isso vai mudar rapidamente, à medida que as ferramentas da informação forem se tornando mais ubíquas e mais fáceis de utilizar. No presente momento é difícil, mas não impossível, competir com as qualidades do livro impresso.

Um livro nos dá uma imagem de alto contraste, é leve, fácil de folhear e não muito caro. Mas, para fazer com que ele chegue até você, são necessários o transporte e um controle de estoque. No caso dos livros didáticos, 45% de seu custo deve-se a controle, transporte e devoluções. E, pior ainda, um livro pode sair de catálogo. Isso jamais acontece com os livros digitais. Eles estão sempre à disposição.

Outros meios oferecem riscos e oportunidades ainda mais imediatas. Os primeiros átomos de entretenimento a serem transformados em bits serão os das fitas de videocassete das locadoras, em relação às quais os clientes passam pelo inconveniente adicional de terem de devolver os átomos e serem multados se os esquecem embaixo de um sofá (dos 12 bilhões de dólares que as locadoras americanas faturam, calcula-se que 3 bilhões provêm das multas por atraso na devolução). E outros meios passarão a ser digitais pela atuação conjunta das forças da conveniência, da necessidade econômica e da desregulamentação. E isso acontecerá com grande rapidez.

O QUE É UM BIT, AFINAL?

Um bit não tem cor, tamanho ou peso e é capaz de viajar à velocidade da luz. Ele é o menor elemento atômico no DNA da informação. É um estado: ligado ou desligado, verdadeiro ou falso, para cima ou para baixo, dentro ou fora, preto ou branco. Por razões práticas, consideramos que o bit é um 1 ou um 0. O significado do 1 ou do 0 é uma questão à parte. Nos primórdios da computação, uma fileira de bits em geral representava uma informação numérica.

Tente contar, mas excluindo todos os números que tenham alguma coisa além de uns e zeros. Você obterá o seguinte resultado: 1, 10, 11, 100, 101, 110, 111 etc. Esses números são as respectivas representações binárias dos números 1, 2, 3, 4, 5, 6, 7 etc.

Os bits sempre foram a partícula subjacente à computação digital, mas, ao longo dos últimos 25 anos, expandimos bastante nosso vocabulário binário, nele incluindo muito mais do que apenas números. Temos sido capazes de digitalizar diferentes tipos de informação, como áudio e vídeo, reduzindo-os também a uns e zeros.

Digitalizar um sinal é extrair dele amostras que, se colhidas a pequenos intervalos, podem ser utilizadas para produzir uma réplica aparentemente perfeita daquele sinal. Num CD, por exemplo, tais amostras são colhidas 44,1 mil vezes por segundo. A onda de áudio (o nível de pressão do som medido como voltagem) é registrada sob a forma de números discretos (eles próprios transformados em bits). Tocadas novamente a uma taxa de 44,1 mil vezes por segundo, essas séries de bits resultam numa reprodução contínua da música original. Essas amostras discretas e sucessivas são separadas por intervalos de tempo tão curtos que não somos capazes de perceber que formam uma escada de sons distintos, de modo que as ouvimos como se fossem um som contínuo.

A mesma coisa pode ser aplicada a uma fotografia em preto e branco. Imagine uma câmera eletrônica como um aparelho que sobrepõe à imagem uma fina grade e, então, registra o nível de cinza que vê em cada célula dessa grade. Se definimos o valor do preto como 0 e o do branco como 255, qualquer tonalidade de cinza ficará em algum ponto entre um e outro. Convenientemente, uma série de 8 bits admite 256 combinações de uns e zeros, começando com 00000000 e terminando com 11111111. Com gradações tão suaves e uma alta resolução, é possível reconstruir perfeitamente a imagem para o olho humano. Tão logo usamos uma resolução mais baixa ou um número menor de níveis de cinza, começaremos a ver objetos típicos do mundo digital, tais como contornos e escadinhas.

O surgimento da continuidade a partir de pixels* individuais é algo análogo a um fenômeno similar, numa escala bem mais precisa, do mundo familiar da matéria. A matéria é feita de átomos. Se pudéssemos olhar uma superfície metálica polida e bem lisa numa escala subatômica, veríamos sobretudo buracos. Ela parece lisa e sólida porque suas partículas distintas são minúsculas. Assim é também com o produto digital.

Contudo, o mundo, como o percebemos, é um lugar bastante analógico. De um ponto de vista macroscópico, ele não é digital, mas contínuo. Nada aparece ou desaparece, nada se transforma de preto em branco ou muda de um estado para outro sem

(*) Pixels, de *picture element*, são pontos que, juntos, formam uma imagem. (N. S.)

passar por uma transição. Isso pode não ser verdade no nível microscópico, em que coisas com as quais interagimos (os elétrons num fio ou os fótons no nosso olho) encontram-se apartadas. Mas sua quantidade é tão grande que nós as percebemos como contínuas. Afinal, este livro (um veículo bastante analógico) contém cerca de 1000000000000000000000000 de átomos.

A digitalização possui muitos méritos. Alguns dos mais óbvios são a compressão de dados e a correção de erros, o que é importante na transmissão da informação através de um canal caro e ruidoso. Isso permite ao rádio e à televisão, por exemplo, economizar dinheiro, e aos telespectadores ver e ouvir imagens e sons com qualidade de estúdio. Estamos, porém, descobrindo que as conseqüências da vida digital são bem mais significativas do que essas.

Na utilização dos bits para a descrição de sons e imagens, há uma vantagem natural em usá-los na menor quantidade possível. Trata-se de algo relacionado com a conservação de energia. Não obstante, o número de bits empregados por segundo ou por centímetro quadrado guarda relação direta com a fidelidade da música ou da imagem. Em geral, o que interessa às pessoas é digitalizar em altíssima resolução e, depois, utilizar uma versão de menor resolução da música ou imagem nesta ou naquela aplicação. Pode-se, por exemplo, para uma impressão final, digitalizar uma imagem colorida em alta resolução, mas utilizá-la com baixa resolução quando se deseja fazer o layout de uma página num programa de editoração eletrônica. A economia de bits é determinada em parte pelas limitações do meio no qual são armazenados, ou através do qual são transmitidos.

O número de bits por segundo que se pode transmitir através de um canal qualquer (um fio de cobre, um radioespectro ou uma fibra ótica) é sua largura de banda. Ela mede quantos bits podem passar por um determinado condutor. Esse número ou capacidade tem de ser cuidadosamente adequado ao número de bits necessários para registrar um certo tipo de dados (voz, música, vídeo): 64 mil bits por segundo dão e sobram para voz de alta qualidade; 1,2 milhão de bits por segundo são mais do que suficientes para música de alta fidelidade; e 45 milhões de bits por segundo é um número fantástico para imagens em vídeo.

Ao longo dos últimos quinze anos, porém, tendo observado os bits no tempo, no espaço ou em ambos e removido redundâncias e repetições intrínsecas, aprendemos a comprimir a forma digital básica do som e da imagem. Aliás, uma das razões pelas quais todos os meios de comunicação se tornaram digitais com tanta rapidez é o fato de termos alcançado altos níveis de compressão muito mais rápido do que previa a maioria das pessoas. Ainda em data bem recente, 1993, alguns europeus postulavam que o vídeo digital não se tornaria realidade antes do próximo milênio.

Há cinco anos, grande parte das pessoas não acreditava na possibilidade de se reduzir, sem qualquer perda, para 1,2 milhão os 45 milhões de bits por segundo necessários para o vídeo digital. Em 1995, porém, somos capazes de comprimir e descomprimir, codificar e decodificar imagens em vídeo a essa taxa, e isso de forma barata e com alta qualidade. É como se, de repente, houvéssemos conseguido fazer capuccino em pó congelado, e tão bom que, adicionando-se água, ele readquire sua antiga forma, tão saboroso e cheiroso quanto qualquer capuccino que acabou de ser preparado num café italiano.

QUANDO TODOS OS MEIOS DE COMUNICAÇÃO FOREM BITS

Ser digital significa a possibilidade de emitir um sinal contendo informação adicional para correção de erros como a estática do telefone, o chiado do rádio ou o chuvisco da televisão. Tais inconvenientes podem ser removidos do sinal digital com o auxílio de uns poucos bits extras empregados em técnicas cada vez mais sofisticadas de correção de erros, técnicas estas aplicadas a uma ou outra forma de ruído, neste ou naquele veículo. No seu CD, um terço dos bits são utilizados para correção de erros. Técnicas semelhantes podem ser empregadas na televisão atual, de modo que cada casa receba uma transmissão com qualidade de estúdio — tão mais clara do que aquela que recebemos hoje, que seríamos capazes de confundi-la com a chamada TV de alta definição.

A correção de erros e a compressão de dados são os dois argumentos óbvios em favor da televisão digital. É possível colocar quatro sinais digitais de TV com qualidade de estúdio na mesma largura de banda que antes abrigava uma única transmissão, ruidosa e analógica. A imagem será melhor e, utilizando-se um mesmo canal, quadruplica-se potencialmente a audiência e a receita com publicidade.

No contexto da vida digital, o que a maioria dos executivos dos meios de comunicação pensa e discute é a transmissão melhor e mais eficiente do que já existe. Tal e qual o cavalo de Tróia, porém, as conseqüências desse presente serão espantosas. Um conteúdo inteiramente diverso emergirá dessa digitalização, assim como novos jogadores, novos modelos econômicos e, provavelmente, uma indústria caseira da informação e do entretenimento.

Como bits são bits, duas conseqüências fundamentais e imediatas poderão ser observadas quando todos os meios de comunicação forem digitais.

Em primeiro lugar, os bits misturam-se sem qualquer esforço. Começam a mesclar-se e podem ser utilizados e reutilizados em seu conjunto ou separadamente. A mistura de áudio, vídeo e dados é chamada de *multimídia*; soa complicado, mas a palavra não quer dizer nada além de bits misturados.

Em segundo lugar, nasce um novo tipo de bit — um bit que nos conta sobre os outros bits. Esses novos bits são "cabeçalhos", bem conhecidos dos repórteres de jornal que enviam "retrancas" (que jamais vemos) à redação para identificar uma matéria. Tais cabeçalhos são também familiares aos autores de artigos científicos, solicitados a, juntamente com estes, enviar às revistas algumas palavras-chave. Esses bits-cabeçalho podem constituir-se de um índice ou de uma descrição dos dados que os sucedem. Hoje, em nossos CDs, temos cabeçalhos simples que nos permitem pular de uma música para outra e, em alguns casos, obter mais dados acerca da música ali armazenada. Tais bits não são visíveis nem audíveis, mas eles informam a você, a seu computador ou a um instrumento qualquer de entretenimento sobre o sinal.

Ambos esses fenômenos, os bits que se mesclam e os bits que informam sobre bits, alteram de forma tão completa a paisagem dos meios de comunicação que conceitos como o do *video-on-demand** e o do envio de jogos eletrônicos por cabo tornam-se não mais que aplicações triviais — a ponta de um iceberg muito mais profundo. Pense nas conseqüências de um programa de televisão transmitido sob a forma de dados e contendo uma descrição de si próprio que um computador possa ler. Você poderia gravar tais programas orientando-se por seu conteúdo, e não pela hora, dia ou canal em que eles passam. Ou, então, que tal gerar um programa sob a forma de áudio, vídeo ou texto no aparelho receptor a partir de uma única descrição digital? E, se transportar esses bits não requer esforço algum, que vantagem as grandes empresas de comunicação teriam sobre você ou sobre mim?

A vida digital exige que formulemos essas perguntas. Cria o potencial para que um novo conteúdo venha a ter origem a partir de uma combinação inteiramente nova de fontes.

ONDE MORA A INTELIGÊNCIA

A transmissão televisiva é exemplo de um veículo no qual toda a inteligência encontra-se no ponto de origem. O transmissor determina tudo; o receptor apenas recebe o que é enviado. Na verdade, em termos do volume em centímetros cúbicos, seu aparelho de televisão atual é, talvez, o utensílio mais idiota que você tem em casa (e não estou nem falando da programação). Se você possui um forno de microondas, é provável que ele contenha mais microprocessadores do que sua TV. Em vez de pensar numa resolução mais elevada, em cores melhores ou em mais programas como o próximo passo evolutivo da televisão, imagi-

(*) *Video-on-demand*, ou VOD, é a possibilidade de se receber vídeo e áudio (filmes, notícias, desenhos) sob encomenda, no momento em que se desejar, bastando um comando do controle remoto. É um dos serviços que as operadoras de TV a cabo pretendem oferecer num futuro próximo. (N. S.)

ne esse passo como sendo uma mudança na distribuição da inteligência — ou, mais precisamente, em seu deslocamento do transmissor para o receptor.

Um jornal também é produzido tendo toda a inteligência do lado do transmissor. Mas, como veículo, o papel em formato grande propicia algum alívio ante à "mesmice" da informação, uma vez que o jornal pode ser consumido de diferentes formas, por diferentes pessoas e em diferentes momentos. Nós folheamos, dobramos suas páginas guiados por manchetes e fotos, cada um tratando de um modo bastante diverso os bits idênticos enviados a centenas de milhares de pessoas. Os bits são os mesmos, mas a experiência da leitura é diferente.

Uma maneira de contemplar o futuro da vida digital é perguntar se a peculiaridade de um veículo pode ser transposta para outro. A experiência de ver televisão pode se aproximar da de ler o jornal? Muita gente acredita que os jornais sejam dotados de maior profundidade do que o noticiário da televisão. É necessário que seja assim? Do mesmo modo, assistir à televisão é considerado uma experiência sensorial mais rica do que aquela proporcionada pelos jornais. Tem de ser assim?

A resposta está na criação de computadores que filtrem, classifiquem, estabeleçam prioridades e gerenciem os múltiplos veículos, a multimídia, para nós — computadores que leiam jornais, assistam à televisão e que ajam como editores quando solicitados. Esse tipo de inteligência pode alojar-se em dois lugares distintos.

Ela pode estar do lado do transmissor e comportar-se como se você tivesse seu próprio time de redatores — como se o *New York Times* estivesse publicando um jornal único, feito sob medida para seus interesses. Nesse primeiro exemplo, um pequeno subconjunto de bits foi selecionado especialmente para você. Esses bits são filtrados, preparados e entregues a você, talvez para serem impressos na sua casa, ou para serem vistos de modo mais interativo, com o auxílio de um aparelho eletrônico.

Num segundo exemplo, seu sistema editor de notícias está no receptor, e o *New York Times* transmite uma quantidade enorme de bits, talvez 5 mil matérias diferentes, dentre as quais seu aparelho seleciona umas poucas, dependendo de seus interesses, hábitos ou planos para o dia em questão. Nesse caso, a inteligência está no receptor, e o idiota do transmissor está enviando os bits todos para todo mundo, indiscriminadamente.

O que teremos no futuro não será uma coisa ou outra, mas ambas.

2

DESMASCARANDO A LARGURA DE BANDA

DO PINGO À CHUVARADA

No final da década de 1960, quando eu era professor assistente de computação gráfica, ninguém sabia o que era isso. Os computadores encontravam-se totalmente excluídos da vida cotidiana. Hoje, ouço magnatas de 65 anos de idade se gabando de quantos bytes de memória eles têm em suas máquinas maravilhosas ou da capacidade de seus discos rígidos. Algumas pessoas falam sem muito conhecimento de causa sobre a velocidade de seus computadores (graças à brilhante campanha da "Intel Inside") e carinhosamente (ou não) acerca da qualidade de seu sistema operacional. Há pouco tempo, encontrei uma socialite, uma mulher rica e charmosa, que entendia tanto do sistema operacional da Microsoft que abriu uma pequena empresa de consultoria para suas colegas "menos computadorizadas". Seu cartão dizia: "I do Windows".

Com a largura de banda é diferente. Ninguém a entende muito bem, sobretudo agora que a fibra ótica nos está conduzindo, sem nenhuma transição, de uma largura de banda modesta para outra quase infinita. Largura de banda é a capacidade de enviar informação por um determinado canal. A maioria das pessoas procura compreendê-la comparando-a ao diâmetro de um tubo ou ao número de pistas numa rodovia.

Tais comparações omitem algumas das diferenças mais sutis e importantes entre os veículos transmissores (cobre, fibra, ondas de rádio). Elas ignoram nossa capacidade de enfiar uma quantidade maior ou menor de bits por segundo pelo mesmo fio de cobre, fibra ótica ou tubo de "ar", dependendo de como projetamos (e modulamos) o sinal. Ainda assim, podemos, em termos gerais, examinar algumas características dos fios de cobre das linhas telefônicas, das conexões de fibra ótica e do radioespectro que nos auxiliarão a compreender melhor o movimento de nossos bits imponderáveis.

Os fios telefônicos de cobre, comumente chamados de "par trançado" (o que remonta aos primórdios de sua existência, quando eles eram trançados como os fios das lâmpadas que ainda encontramos em antigos e luxuosos hotéis europeus), são considerados um canal de baixa largura de banda. Não obstante, dispomos de uma base instalada de 60 bilhões de dólares em linhas telefônicas nos Estados Unidos, linhas capazes de transportar 6 milhões de bits por segundo, utilizando-se um modem apropriado (a palavra *modem* foi cunhada a partir de *modulator-demodulator*, que designa o processo de transformação de bits em ondas e, depois, em bits de novo). Um modem em geral funciona a uma taxa de 9600 bits por segundo, o mesmo que 9600 baud (bits por segundo — bps — e *baud* têm o mesmo significado; este último é uma homenagem a Émile Baudot, o "Morse" do telex).*

Modems melhores são capazes de funcionar a 38 400 baud (o que ainda é uma velocidade inferior em mais de cem vezes à capacidade potencial dos fios de cobre ligados à maioria das casas americanas). Deve-se pensar no par trançado como na tartaruga da fábula da tartaruga e do coelho. Ele é lento, mas não tão lento quanto você pode ter sido levado a acreditar.

Pense na capacidade da fibra como infinita. Nós literalmente não sabemos quantos bits por segundo podemos enviar por uma fibra ótica. Resultados de pesquisas recentes indicam que estamos próximos de conseguir transmitir um trilhão de bits por segundo. Isso significa que uma fibra do tamanho de um fio de

(*) A rigor, *baud* identifica o número de símbolos que são transmitidos em um segundo. Até há algum tempo, na maior parte das comunicações, cada símbolo carregava um único bit, o que já não mais é o caso. (N. S.)

cabelo é capaz de transferir em menos de um segundo todas as edições do *Wall Street Journal* feitas até hoje. Transmitindo dados a essa velocidade, uma fibra pode conduzir 1 milhão de canais de televisão ao mesmo tempo — *grosso modo*, 200 mil vezes mais rápido do que o par trançado. Trata-se de um salto e tanto. E, note bem, estou falando de uma única fibra: se você quer mais, é só fazer — afinal, é areia e nada mais.

Supõe-se que a capacidade de transmissão do éter (popularmente chamado de ondas de rádio) seja infinita. Ora, é ar, e ar tem bastante em toda parte. Embora eu empregue a palavra éter, ela tem apenas um significado histórico. Descobertas as ondas de rádio, invocou-se o éter como a misteriosa substância pela qual elas se propagavam; a incapacidade de encontrá-lo levou à descoberta dos fótons. Os satélites estacionários orbitam a uma distância de 36 mil quilômetros acima do equador (o que significa um volume de aproximadamente 140 trilhões de quilômetros cúbicos de éter contido nesse envelope espacial). Toda essa quantidade de éter deve ser capaz de transportar um monte de bits, sem que eles trombem uns com os outros. Num aspecto, isso é correto, quando se pensa nos milhões de controles remotos no mundo todo, valendo-se da comunicação sem fio com aparelhos de TV e similares. Como é muito pequena a potência desses controles, os poucos bits de dados que passam da mão para a TV não são capazes de mudar os canais no apartamento ao lado ou na cidade mais próxima. O caso dos telefones sem fio, como muitos de nós já perceberam, é bem diferente.

Contudo, tão logo nos pomos a utilizar o éter para telecomunicações de maior potência e transmissões radiofônicas e televisivas, temos de tomar muito cuidado para que os sinais não interfiram uns nos outros. Temos de nos dispor a viver em porções predeterminadas do espectro e não podemos usar o éter de qualquer jeito. Precisamos usá-lo com a maior eficiência possível. Ao contrário da fibra, não podemos fabricá-lo. A natureza o fez uma única vez.

Há muitas maneiras de se ser eficiente. Podem-se reutilizar porções do espectro fazendo-se uma matriz de células de transmissão que permita às pessoas usar as mesmas freqüências com apenas uma diferença de quadrante; ou passar para partes do espectro anteriormente evitadas (ainda que apenas porque essas freqüências sejam capazes de fritar passarinhos inocentes). No entanto, mesmo com todos os truques e toda a eficiência, a largura de banda disponível no éter é escassa em comparação com aquela proporcionada pela fibra e por nossa capacidade infinita de fabricá-la e instalá-la em número cada vez maior. Por essa razão, propus uma troca de lugares entre a informação por fio e sem fio dos dias de hoje.

Quando o senador Bob Kerrey, de Nebraska, estava em campanha pela Presidência, ele esteve no Media Lab por uma ou duas horas. Ao encontrá-lo, a primeira coisa que ele disse foi: "a inversão Negroponte".

Essa idéia, que discuti e ilustrei pela primeira vez numa reunião da Northern Telecom na qual Gilder e eu fomos os oradores, afirma apenas que a informação que hoje recebemos pelo chão (leia-se: fios) virá, no futuro, pelo éter, e vice-versa. Ou seja, o que está no ar passará para debaixo da terra e o que está embaixo da terra passará para o ar. Chamei isso de uma "troca de lugares". Gilder batizou-o "a inversão Negroponte". O nome pegou.

A razão pela qual considero óbvia essa troca de lugares é que a largura de banda é infinita na terra, mas não no éter. Dispomos de um único éter, e de um número ilimitado de fibras. Embora possamos nos tornar cada vez mais inteligentes na maneira pela qual utilizamos o éter, no fim devemos deixar todo o espectro disponível para a comunicação com coisas que se movem, que não podem ser amarradas, como um avião, barco, carro, uma maleta ou um relógio de pulso.

FIBRA: O CAMINHO DA NATUREZA

Quando o Muro de Berlim veio abaixo, seis anos atrás, o correio alemão lamentou o momento: a queda ocorrera de cinco a sete anos antes do tempo. Ainda era muito cedo para construir um sistema telefônico todo em fibra atravessando a Alemanha Oriental, pois os preços ainda não estavam baixos o bastante.

Hoje, a fibra é mais barata que o cobre, incluindo-se aí o custo da eletrônica em cada ponta. Se você topar com uma situação diferente dessa, espere uns poucos meses, pois os preços dos conectores, comutadores e transformadores de energia estão despencando. A não ser que você tenha linhas de comunicação de apenas alguns metros de comprimento ou pessoal não qualificado para a instalação, não há razão para se empregar o cobre nas atuais telecomunicações (sobretudo se se considerar seu custo de manutenção). Os chineses estão usando a fibra por uma razão inteiramente diversa: os habitantes das aldeias costumam desenterrar o cobre para vendê-lo no mercado negro.

A única vantagem real do cobre é sua capacidade de conduzir energia elétrica. Esse é um assunto delicado para as companhias telefônicas. Elas se orgulham bastante do fato de que, durante um furacão, as pessoas podem ficar sem energia, mas seu telefone provavelmente continuará funcionando. Se seu telefone utilizasse fibra em vez de cobre, seria necessário obter a energia da companhia local de eletricidade, o que o faria vulnerável a blecautes. Ainda que se use uma bateria de reserva, isso seria uma solução incômoda, pois uma bateria demanda manutenção especial e cuidados. Por essa razão, é provável que assistamos ao surgimento da fibra revestida de cobre ou do cobre revestido de fibra. Da perspectiva dos bits, porém, o planeta todo será interconectado com fibra.

Um modo de se encarar a transição do cobre para a fibra é observar que as companhias telefônicas americanas substituem a cada ano aproximadamente 5% de suas instalações, e trocam o cobre pela fibra em função da manutenção e de outras razões. Embora essa atualização não aconteça de maneira uniforme, é interessante notar que, a essa taxa, o país inteiro estaria ligado por fibras em mais ou menos vinte anos. O fato é que podemos rapidamente desenvolver uma ampla infra-estrutura nacional em termos de largura de banda, precisemos ou não, saibamos ou não como utilizá-la. No mínimo, uma rede de fibras resultará em melhor qualidade e maior confiabilidade do "bom e velho serviço telefônico" (que os entendidos todos chamam de POTS, *Plain Old Telephone Service*).

Foi necessário mais de uma década para corrigir o erro cometido pelo juiz Harold Greene em 1983, quando ele barrou a entrada das operadoras telefônicas locais (Regional Bell Operating Companies, ou RBOCs) na indústria da informação e do entretenimento. Um grande passo à frente foi dado em 20 de outubro de 1994, quando a Federal Communications Commission aprovou o assim chamado tom de discar de vídeo.*

Ironicamente, os bem-sucedidos lobistas das RBOCs valeram-se de um argumento infundado, mas eficaz, para justificar sua entrada no ramo da informação e do entretenimento. As companhias telefônicas alegaram que o POTS não era o bastante e que, a menos que lhes fosse permitido tornarem-se fornecedores mais amplos de informação, elas não teriam como justificar o enorme custo de uma nova infra-estrutura (leia-se: fibras).

Mas espere aí! As companhias telefônicas sempre forneceram informação. Na verdade, a maior parte das Bells extrai seu maior lucro das Páginas Amarelas. Se transformassem em átomos essa informação e a levassem até a porta da frente da sua casa, tudo bem. Mas se a mantivessem sob a forma de bits e a entregassem a você eletronicamente, isso era ilegal? Assim decidiu o juiz Greene.

Por isso, os lobistas tiveram de argumentar que as companhias telefônicas precisavam entrar no ramo da informação eletrônica, a fim de justificar o custo de instalação de redes regionais de fibras. Sem novas fontes de receita, argumentaram, não haveria incentivo suficiente para esse grande investimento. O argumento funcionou, e as companhias telefônicas estão agora entrando no ramo da informação e do entretenimento, instalando fibra ótica um pouco mais rápido que antes.

Eu acho que o resultado é bom. Beneficiará o consumidor. Mas o argumento era infundado. Pouco importa flagrar as companhias telefônicas acreditando em seus próprios argumentos capciosos contra leis igualmente capciosas. Nós não precisamos dessas gigantescas larguras de banda para transportar a maior parte

(*) O *video dial-tone* é o equivalente ao tom de discar telefônico para sistemas que permitem o tráfego de vídeo. (N. S.)

dos serviços de informação e entretenimento. Na verdade, algo mais modesto, de 1,2 a 6 milhões de bps, está de bom tamanho para a maioria do que existe por aí em termos de multimídia. Nem sequer começamos a entender ou explorar o potencial criativo desses 1,2 a 6 milhões de bps. Nos dez anos que passaram pressionando o juiz Greene, advogados e executivos esqueceram-se de olhar para a enorme infra-estrutura já existente: o par trançado.

Poucas pessoas percebem como são boas as linhas telefônicas de cobre. Uma técnica chamada ADSL (*Asymmetrical Digital Subscriber Loop*) é um meio de enviar grandes quantidades de dados por linhas de cobre relativamente curtas. A ADSL-1 possibilita a entrada de 1,544 milhão de bps e a saída de 64 mil bps em 75% das casas americanas e 80% das canadenses. A ADLS-2 funciona a uma velocidade superior a 3 milhões de bps, e a ADSL-3, acima de 6 milhões de bps. A ADSL-1 é suficiente para transmitir vídeo com qualidade VHS.

Essa não é uma solução de longo prazo para a transmissão de multimídia para as casas das pessoas, mas é curioso que esteja sendo tão amplamente ignorada.

A explicação, diz-se, é o alto custo por assinante. Mas esse custo resulta de volumes artificialmente baixos. E mesmo que ele esteja alto no momento — algo em torno de mil dólares por casa —, trata-se de uma despesa gradual, a maior parte da qual pode ser assumida por família, à medida que as pessoas vão fazendo suas assinaturas. Ademais, se os serviços fossem interessantes, muitos americanos estariam dispostos a pagar parte ou a totalidade desses mil dólares ao longo de três ou quatro anos, repartindo assim o custo inicial. Desse modo, embora o futuro esteja sem dúvida com a fibra, há muito a fazer e aprender no tocante à rede de fios de cobre hoje instalada.

Muitos estão ignorando esse degrau que é o cobre. Estão defendendo no atacado a necessidade do fornecimento de fibra ótica, a fim de que a largura de banda ilimitada mantenha uma competitividade aguçada, mas não reconhecem que a mãe natureza e os interesses comerciais, mais do que incentivos reguladores, farão com que a fibra ótica aconteça naturalmente. Como cachorros no cio, os sábios da banda larga põem-se a farejar todas as oportunidades políticas para a instalação de redes com alta largura de banda, como se isso fosse assunto de segurança nacional ou um direito previsto na Constituição. Na verdade, a largura de banda ilimitada pode produzir o efeito negativo e paradoxal de inundar as pessoas com bits demais e permitir que máquinas na periferia se tornem burras sem necessidade. Uma largura de banda ilimitada por certo não é errado ou ruim de se ter, mas, assim como o sexo livre, não é necessariamente bom. Nós queremos de fato todos esses bits, precisamos deles?

MENOS É MAIS

Essa expressão do arquiteto Mies van der Rohe penetra cada vez mais nas lições que tenho aprendido acerca do montante de informação que precisa ser transmitida e do meio pelo qual ela deve ser apreendida. Ela se aplica a quase todo novo veículo nas mãos de principiantes. Estes não entendem que "menos é mais".

Veja o exemplo das câmeras de videocassete. A primeira vez que você pega uma câmera dessas e começa a usá-la, é muito provável que você se ponha a usar panorâmicas e zooms aos montes, exercitando simultaneamente todos os graus da liberdade recém-descoberta. O resultado é um vídeo caseiro maníaco e saltitante, em geral embaraçoso de se mostrar aos outros (até mesmo sua família torce o nariz ao vê-lo e chateia-se com a infinidade de panorâmicas e zooms). Depois, com o auxílio do tempo, você se acalma e passa a usar esses novos graus de liberdade com maior habilidade e parcimônia.

A liberdade excessiva exerceu também seus efeitos ruins sobre nossas impressões a laser. A possibilidade de alterar estilo e tamanho das letras é uma tentação a poluir muitos dos documentos produzidos hoje em universidades e empresas, os quais misturam sem qualquer sensibilidade tipos com e sem serifa, de todos os estilos e tamanhos: letras normais, em negrito, itálico, com e sem sombreamento. É necessário um conhecimento mais profundo de tipografia para perceber que a utilização de um único tipo de letra é em geral mais apropriada, e que se devem alterar os tamanhos com muita parcimônia. Menos pode ser mais.

Com a largura de banda acontece algo semelhante. Há por aí um dogma crescente e irrefletido segundo o qual deveríamos utilizar uma alta largura de banda, e tão-somente porque podemos fazê-lo. Algumas leis naturais concernentes à largura de banda, no entanto, sugerem que esguichar mais bits em alguém é algo tão razoável quanto aumentar o volume do rádio com o intuito de obter mais informações.

Por exemplo: 1,2 milhão de bps marca hoje, em 1995, um limiar no que diz respeito àquilo que se convencionou chamar de vídeo com qualidade VHS. Tudo bem: vá em frente e dobre ou triplique esse número, se você quer uma televisão de melhor qualidade. Mas será difícil encontrar um uso para uma taxa superior a 6 milhões de bps por pessoa, quando se trata de transmitir serviços novos e criativos — isso se tivermos serviços assim. Os novos serviços de informação e entretenimento não estão à espera da chegada da fibra ótica à casa das pessoas: estão à espera de imaginação.

TRANSFORMANDO 100 MIL BITS EM 1 BIT

A relação entre largura de banda e computação é sutil. O *trade-off* entre ambas é hoje evidente nos telefones com vídeo e nos sistemas mais caros de videoconferência. Uma vez que a computação se realiza em ambas as pontas da linha, pode-se despachar uma quantidade menor de bits de um lado para o outro. Gastando-se algum dinheiro no processamento do vídeo digital em cada ponta, comprimindo-o e descomprimindo-o, usa-se menos da capacidade do canal e economiza-se na transmissão.

O vídeo digital, de forma geral, é um exemplo de compressão de dados que não leva em conta o conteúdo da informação. As pessoas empregam as mesmas técnicas de codificação tanto para um jogo de futebol do campeonato nacional quanto para uma entrevista a Ted Koppel ou uma perseguição de James Bond. Nem é preciso ser formado em computação para imaginar que cada um desses programas demandaria uma abordagem distinta em termos de compressão de dados. Tão logo o conteúdo passa a ser considerado, pode-se comprimir dados de modos bastante diversos. Considere o exemplo a seguir, extraído de um discurso interpessoal.

Imagine seis pessoas animadas reunidas em torno de uma mesa para um jantar; estão todos envolvidos numa discussão sobre, digamos, uma pessoa que não está presente. Num dado momento dessa conversa sobre o senhor X, eu olho para minha esposa, do outro lado da mesa, e pisco. Terminado o jantar, você chega para mim e pergunta: ''Nicholas, eu vi você piscando para a Elaine. O que você estava dizendo a ela?''.

Eu te explico que, duas noites atrás, nós jantamos com o senhor X, quando, então, ele explicou que, em vez de..., ele, na verdade, estava..., muito embora as pessoas tenham pensado que... E, na realidade, o que ele decidiu foi... etc. Ou seja, mais ou menos 100 mil bits mais tarde, eu consigo te explicar o que havia comunicado a minha esposa por intermédio de um único bit (peço a sua complacência para minha suposição de que uma piscada corresponda a um bit viajando pelo éter).

O que acontece nesse exemplo é que o transmissor (eu) e a receptora (Elaine) partilham de um repertório comum, permitindo que a comunicação entre eles seja taquigráfica. Eu disparo um determinado bit pelo éter e ele se expande na cabeça dela, detonando uma quantidade muito maior de informação. Quando você me pergunta o que foi que eu disse, sou forçado a transmitir para você a totalidade daqueles 100 mil bits. Perco, portanto, a taxa de compressão de 100 mil para 1.

Conta-se que um casal sabia de cor centenas de piadas sujas, de modo que diziam um ao outro apenas seus números. Os poucos dígitos evocavam a piada inteira, fazendo com que um ou outro se pusesse a rir sem parar. Um uso mais prosaico desse método na compressão de dados em computadores é atribuir um número a palavras longas usadas com freqüência e enviar apenas esses poucos bits, em lugar da longa série de letras. Quando trocarmos largura de banda por conhecimento compartilhado, é provável que venhamos a encontrar um número cada vez maior dessas técnicas. A condensação da informação significa uma economia não apenas no custo da transmissão de bits: ela nos poupa tempo também.

A ECONOMIA DE VENDAS

Graças aos métodos pelos quais as ligações telefônicas são cobradas hoje em dia, eu pagaria cem vezes mais para enviar a você minha história sobre o senhor X do que para enviá-la a Elaine. As companhias de telecomunicações não ganham nada com a diminuição do número de bits transmitidos para cá e para lá. O modelo econômico atual da telefonia baseia-se na cobrança por segundo ou por bit, independentemente de que bit é esse.

Para se compreender a economia da largura de banda, a questão central é: alguns bits valem mais do que outros? Obviamente, a resposta é sim. O valor de um bit não deveria variar não apenas de acordo com seu caráter essencial (isto é, um bit de um filme, um bit de conversação, um bit de marcapasso), mas em função também de quem o está usando e de quando e como o faz?

A maioria das pessoas, e até mesmo o pessoal da *National Geographic*, concordaria em que uma criança de seis anos que faz uso do arquivo de fotos da revista para um trabalho escolar deveria ter acesso gratuito, ou quase gratuito, a esses bits. Por outro lado, se eu fosse usar o arquivo para a redação de um artigo ou projeto empresarial, eu deveria pagar um preço justo por isso, e talvez até mesmo uma taxa extra, para subsidiar o serviço prestado à criança. Os bits, portanto, possuem um valor não apenas diferente, mas um valor que varia de acordo com quem os está usando e como. Assim, temos de repente bits de seguro social, bits das minorias, bits dos deficientes físicos. O Congresso terá de ser bastante criativo no desenvolvimento de um sistema eqüitativo.

Preços diferenciados de bits não constituem novidade. Eu tenho uma conta na Dow Jones que uso para acessar o mercado de ações. As informações que recebo por essa conta possuem uma defasagem de quinze minutos. Se quero cotações atualizadas instantaneamente — como aquelas de que dispõe meu tio, que tem 86 anos e é corretor —, tenho de pagar um prêmio considerável à Dow Jones ou ao meu tio. Tem-se aí o equivalente moderno da diferença de preço entre o correio aéreo e o de superfície, entre bits que chegam de avião e bits que chegam de trem.

No caso da informação em tempo real, os pré-requisitos quanto à largura de banda são ditados pelo veículo do discurso. Se estou tendo uma conversa telefônica com você, não faz sentido ser capaz de fazer minha voz chegar mais rápido do que consigo falar. Fazê-la mais lenta ou defasada é intolerável. Até mesmo a defasagem de um quarto de segundo de uma conexão telefônica via satélite incomoda a maioria das pessoas.

Mas, se gravo uma mensagem numa fita, desejo transmiti-la a você e estou pagando a ligação por minuto, com certeza vou querer o maior número possível de bits viajando por segundo. Esse é um sentimento comum nos usuários de modems que se conectam com a outra ponta do país para sugar dados para seus laptops ou esguichá-los para fora deles. Poucos anos atrás, uma taxa de transmissão de 2400 baud era considerada muito boa. Hoje, um modem de 38 400 bps está se tornando coisa comum, resultando numa redução de 94% na conta telefônica.

Felizmente para as companhias telefônicas, mais de 50% do tráfego a atravessar o Pacífico, e 30% do tráfego pelo Atlântico, compõe-se de dados transmitidos via fax a uma taxa de 9600 bps, em vez dos 64 000 bps já à disposição.

ESTRELAS E LAÇOS

Não é apenas a largura de banda dos canais que importa, mas também sua configuração. Simplificando, o sistema telefônico é uma rede em forma de "estrela", com linhas irradiando a partir de um centro, como as avenidas em Washington ou os bulevares parisienses. Há, literalmente, uma via desimpedida desde a sua casa até a central telefônica mais próxima. Se quisesse, você poderia seguir o par trançado pelo caminho todo até a central telefônica.

A televisão a cabo, pelo contrário, nasceu sob a forma de "laço", como fileiras de luzinhas de árvore de natal, passando de casa em casa. Ambas essas redes, as estrelas e os laços, assumiram sua forma de modo bastante natural, em função da estreita largura de banda do par trançado e da banda mais larga do cabo coaxial. No primeiro caso, cada casa é servida por uma linha exclusiva de baixa largura de banda. No segundo, um grande número de famílias compartilha um mesmo serviço de banda larga.

A arquitetura de estrelas e laços é também determinada pela natureza do conteúdo. No caso da rede telefônica, cada conversa é diferente da outra, e os bits que vão para uma casa nada têm a ver com os outros (à exceção de um, talvez). Pela própria natureza de suas operações, trata-se de um sistema que faz inúmeras ligações ponto a ponto. No caso da televisão, os vizinhos compartilham do conteúdo da programação, o que torna absolutamente sensata a estrutura das luzinhas de árvore de natal — um sistema que vai de um único ponto a múltiplos pontos. A sabedoria convencional das operadoras de TV a cabo consistiu grandemente em reproduzir a transmissão terrestre, conforme a conhecemos, passando a televisão do éter para os fios.

Mas a sabedoria convencional não é nada mais do que isto: convencional. O futuro da transmissão de programas televisivos está mudando de forma radical, e logo você não estará satisfeito com a seleção oferecida a seu vizinho nem com a necessidade de ver o que quer que seja num horário específico. Por essa razão, as TVs a cabo estão pensando cada vez mais como companhias telefônicas, com sua série de comutações e vias livres. Na verdade, daqui a 25 anos pode não haver diferença alguma entre o cabo e o telefone, e não apenas no sentido empresarial, mas também em termos da arquitetura da rede.

No futuro, a maioria das redes de fios será em forma de estrela. Os laços serão empregados em áreas locais bastante restritas, ou na transmissão sem fio, na qual o veículo distribuidor passa, por definição, em todas as casas de uma só vez. A GM Hughes Electronics gosta de chamar seu sistema via satélite DirecTV de "tubo torto", e lhe contará que seu sistema de transmissão direta via satélite é um sistema a cabo que passa por todas as casas nos Estados Unidos. E, de fato, é verdade. Neste exato momento, se você está lendo este livro nos Estados Unidos, 1 bilhão de bps está chovendo sobre a sua cabeça, todos eles provindos do satélite da Hughes, a não ser que você esteja debaixo de um guarda-chuva de chumbo.

EMPACOTANDO BITS

Muitas das pessoas que já deram um pequeno passo rumo à vida digital pensam na largura de banda como um encanamento. Pensar nos bits como átomos conduz a canos largos e estreitos, torneiras e hidrantes. Segundo uma comparação freqüente, utilizar a fibra ótica é como beber água de uma mangueira contra incêndio. A analogia é construtiva, mas enganosa. A água ou flui ou não flui. Você pode regular a quantidade de água que sai de uma mangueira de jardim fechando o registro. Contudo, mesmo quando a vazão de uma mangueira contra incêndio reduz-se a um gotejar, os átomos de água continuam movendo-se como um grupo.

Os bits são diferentes. No seu caso, um teleférico de uma estação de esqui oferece uma analogia melhor. Enquanto um número maior ou menor de pessoas embarca ou desembarca, o teleférico move-se a uma velocidade constante. De modo semelhante, colocamos certo número de bits num pacote e jogamos esse pacote num cano capaz de transmiti-lo a uma velocidade de milhões de bits por segundo. Pois bem: se eu jogo um pacote de dez bits a cada segundo num cano que se move rapidamente, minha largura de banda real será de 10 bps, e não a velocidade do cano.

Embora isso pareça um desperdício, trata-se, na verdade, de uma idéia inteligente, pois outras pessoas estão jogando pacotes naquele mesmo cano — o que constitui a base de sistemas como a Internet e o ATM (*Asynchronous Transfer Mode*, "modo de transferência assíncrono" —, a maneira pela qual todas as redes telefônicas estarão funcionando num futuro próximo). Em vez de bloquear toda uma linha telefônica, como fazemos hoje quando ligamos para alguém, os pacotes são colocados em fila com seus nomes e endereços, sabendo, pois, quando e onde desembarcar do teleférico. Você paga por pacotes, e não por minutos.

Outro modo de se pensar nesse mesmo empacotamento da largura de banda é o seguinte: a melhor maneira de se utilizar 1 bilhão de bits por segundo é usar mil bits num milionésimo de segundo, 1 milhão de bits num milésimo de segundo ou coisa parecida. No caso da televisão, por exemplo, em vez de pensar numa torneira, pense em receber uma hora de vídeo em poucos segundos.

Em vez de transmitir mil programas de televisão para todo mundo, melhor seria, talvez, transmitir um programa para cada pessoa à velocidade de um milésimo de seu tempo real. Isso irá alterar por completo nossa concepção das transmissões televisivas ou radiofônicas. A transmissão da maior parte dos bits nada terá a ver com a taxa com que nós, como seres humanos, os consumimos.

3

TRANSMITINDO BITS

O QUE HÁ DE ERRADO NESTA FIGURA?

Quando você assiste à televisão, você se queixa da resolução da imagem, do formato da tela ou da qualidade do movimento? Provavelmente não. Se você se queixa de algo, com certeza é da programação. Ou, como diz Bruce Springsteen, "57 canais e nada para se ver". No entanto, quase toda a pesquisa voltada para o avanço da televisão encontra-se centrada precisamente no refinamento da imagem, em detrimento da qualidade do conteúdo.

Em 1972, uns poucos japoneses visionários perguntaram-se qual seria o próximo passo evolutivo da televisão. Chegaram à conclusão de que seria uma melhor definição da imagem, postulando que a mudança do preto-e-branco para o colorido seria seguida por uma TV com qualidade cinematográfica, a chamada televisão de alta definição (em inglês, *high-definition television*, ou HDTV). Num mundo analógico, essa era a maneira lógica de a televisão dar um passo adiante, e foi o que os japoneses fizeram ao longo dos catorze anos seguintes: desenvolveram aquilo a que chamaram de Hi-Vision.

Em 1986, a Europa estava alarmada diante da perspectiva do domínio japonês em relação a uma nova geração de televisores. Pior, os Estados Unidos abraçaram a Hi-Vision e puseram-se a lutar junto com os japoneses para transformá-la em padrão mundial. Muitos dos atuais proponentes da HDTV americana e a maioria dos neonacionalistas esquecem-se, convenientemente, do equívoco que constitui apoiar um sistema analógico japonês. Como medida puramente protecionista, os europeus votaram contra a Hi-Vision, prestando a todos um grande favor, ainda que pelo motivo errado. Passaram, então, a desenvolver seu próprio sistema analógico de HDTV — o HD-MAC —, a meu ver um pouco inferior à Hi-Vision.

Mais recentemente, os Estados Unidos, feito um gigante adormecido, despertaram e começaram a atacar o problema da HDTV com a mesma visão encarniçadamente analógica do resto do mundo, tornando-se o terceiro da fila a tratar o futuro da televisão como nada mais que uma questão de qualidade da imagem e, pior que isso, enfrentando o problema com técnicas analógicas ultrapassadas. Todos partiram do princípio de que a busca de uma melhor qualidade da imagem era o curso a ser seguido. Infelizmente, não é esse o caso.

Não há nenhuma evidência que corrobore a premissa de que os consumidores preferem melhor qualidade de imagem a um melhor conteúdo. Isso é verdadeiro sobretudo quando se considera que as soluções propostas até o momento para a HDTV podem até nem resultar numa melhoria perceptível da imagem, se comparadas à televisão com qualidade de estúdio já disponível hoje (que você provavelmente nunca viu nem pode saber quanto é boa). No nível em que se encontra atualmente a alta definição, a televisão de alta definição é apenas uma tolice.

OS ÚLTIMOS SERÃO OS PRIMEIROS

Em 1990 deparamos com o fato de que o provável resultado da busca da televisão avançada seria o Japão, a Europa e os Estados Unidos caminharem em direções inteiramente diversas. O Japão, à época, investira já dezoito anos de dinheiro e esforços na televisão de alta definição. Ao longo desse tempo, os europeus haviam visto a indústria de informática escapar-lhes das mãos e estavam determinados a não permitir que isso acontecesse também com a televisão. Os Estados Unidos, por sua vez, com uma indústria de televisores praticamente inexistente, viram na HDTV a grande oportunidade de retornar ao mercado dos aparelhos eletrônicos (um mercado que companhias de pouca visão como a Westinghouse, a RCA e a Ampex haviam simplesmente entregado de mão beijada aos concorrentes).

Quando os Estados Unidos assumiram o desafio de aperfeiçoar a tecnologia dos televisores, a compressão digital encontrava-se num estágio de desenvolvimento ainda por demais incipiente para afigurar-se o caminho óbvio a tomar. Ademais, os papéis dos protagonistas dessa história — os fabricantes de equipamentos para aparelhos de TV — estavam nas mãos dos atores errados. Ao contrário das jovens companhias de tecnologia digital como a Apple e a Sun Microsystems, as fábricas de televisores constituíam antigos redutos do pensamento analógico. Para estas últimas, a televisão tinha a ver com imagens, não com bits.

Contudo, em 1991, logo em seguida ao despertar americano e quase da noite para o dia, todo mundo passou a propor a televisão digital, na esteira da General Instrument Corporation. Em menos de seis meses, literalmente, todas as propostas americanas para a televisão de alta definição transformaram-se de analógicas em digitais. Havia evidência suficiente de que o processamento do sinal digital seria eficiente em termos de custos, algo que a Europa seguiu contestando até fevereiro de 1993.

Em setembro de 1991, num almoço, falei para quase todo o gabinete de François Mitterrand. Em parte, talvez, pelo fato de eu falar francês apenas como segunda língua, jamais consegui convencê-los de que não estava tentando fazê-los abrir mão de sua ''liderança'', e sim tentando livrá-los daquilo que chamei de ''âncora em torno de seus pescoços''.

Tive um encontro com o primeiro-ministro japonês, Kiichi Miyazawa, que ficou espantado ao saber, em 1992, que a Hi-Vision era obsoleta. Margaret Thatcher, contudo, entendeu. Por fim, no final de 1992, a maré virou, por obra de um lance ousado de John Major, que vetou um subsídio de 800 milhões de dólares para programação de televisão de alta definição. No início de 1993, a União Européia (que então se chamava Comunidade Européia) decidiu enfim abandonar a HDTV analógica em prol de um futuro digital.

Os japoneses sabem muito bem que o futuro está com a televisão digital. Quando, em fevereiro de 1994, Akimasa Egawa, o desafortunado diretor geral da Agência Administradora das Transmissões Televisivas e Radiofônicas do Ministério dos Correios e das Telecomunicações, sugeriu que o Japão aderisse ao mundo digital, as lideranças empresariais japonesas chiaram terrivelmente no dia seguinte e o obrigaram a engolir as próprias palavras. O Japão gastara muito dinheiro público na televisão de alta definição e não iria recuar assim, à vista de todos.

Lembro-me muito bem de, na ocasião, ter assistido à transmissão por TV de uma mesa-redonda com os presidentes das companhias gigantes de produtos eletrônicos, todos jurando que apoiavam inteiramente a boa e velha Hi-Vision, e dando a entender que o representante do ministro estava com um parafuso frouxo. Tive de morder minha língua digital, porque conhecia pessoalmente cada um deles, ouvira-os dizer o contrário e vira seus esforços em prol da TV digital. Salvar a cara, receio, é ter duas caras.

A TECNOLOGIA CERTA PARA OS PROBLEMAS ERRADOS

A boa notícia é que nós, nos Estados Unidos, estamos desenvolvendo a tecnologia certa — a digital — para o futuro da televisão. A má notícia é que, irrefletidamente, ainda continuamos atacando os problemas errados: os da qualidade da imagem — resolução, número de quadros por segundo e formato da tela (a chamada "razão de aspecto"). Pior do que isso, estamos tentando fixar de uma vez por todas números bastante específicos para cada um desses elementos, legislando sobre essas variáveis como se fossem constantes. A grande dádiva do mundo digital é que não precisamos fazer isso.

Até mesmo o mundo analógico está se tornando menos teimoso. Qualquer um que tenha viajado pela Europa há de se lembrar do terrível problema dos transformadores de voltagem, adaptando os 220 volts de lá para nossos aparelhos de 110 volts. Conta-se que Don Estridge, o executivo da IBM que foi o pai do

PC, estava certo dia no estacionamento da companhia em Boca Raton, na Flórida, quando exigiu que o PC não mais dependesse desse problema da alimentação, 110 ou 220 volts. Essa ordem aparentemente bizarra foi cumprida pouco depois, de modo que, hoje em dia, quase todo computador pessoal pode ser ligado numa ampla gama de fontes de energia. Uma maneira de se compreender isso é pensar que o pedido de Estridge foi atendido conferindo-se esse tipo de inteligência à máquina (a tomada passa a se preocupar com o que, antes, era uma preocupação do homem).

Agora uma mensagem para os fabricantes de televisores. Cada vez mais, veremos sistemas capazes de se adaptar não apenas a 110 volts ou 220 volts, 60 Hz ou 50 Hz, mas também ao número de linhas, ao número de quadros por segundo e à razão de aspecto. Algo equivalente já ocorre com os modems, que fazem automaticamente todo o intercâmbio de sinais e códigos [*handshaking*] a fim de encontrar o melhor protocolo possível de comunicação. Por extensão, isso ocorre também com o correio eletrônico — o *e-mail* —, no qual os sistemas se valem de diversos protocolos para transmitir mensagens entre diferentes máquinas, fazendo-o com maior ou menor êxito, mas quase nunca sem êxito algum.

Ser digital é ter licença para crescer. De início, não é preciso pôr os pingos em todos os is e cortar todos os tês. Você pode construir ganchos para expansão futura e desenvolver protocolos que permitam às correntes de bits se comunicarem. Os sábios da TV digital têm ignorado essa característica. Não estão apenas lidando com o problema errado — a alta definição —, como também estão tratando todas as demais variáveis como os 110 volts dos secadores de cabelos.

Um exemplo perfeito disso são os argumentos sobre "entrelaçamento". A TV mostra trinta quadros por segundo. Cada quadro compõe-se de dois dos chamados "campos", cada um deles contendo metade das linhas de varredura (as pares e as ímpares). Assim, um quadro de vídeo compõe-se de dois campos separados no espaço por uma linha de varredura e no tempo por 1/60 de segundo. Quando você assiste à televisão, está vendo sessenta campos por segundo (de forma que o movimento é suave) "entrelaçados'': juntos, mas cada campo contém apenas metade da imagem. O resultado disso é que você percebe um movimento de boa qualidade e vê objetos em repouso com bastante nitidez, e isso com apenas metade da largura de banda — uma grande idéia para as transmissões televisivas, quando elas eram analógicas, e quando a largura de banda é valiosa.

O dilema são os monitores de computador, para os quais o entrelaçamento é inútil e prejudicial às imagens em repouso. Os monitores precisam ser mais precisos (isto é, possuir maior definição, visível a uma proximidade bem maior); o movimento desempenha um papel muito diferente em nossas telas de computador, observadas tão de perto. O entrelaçamento não tem qualquer futuro nos computadores e é, com razão, considerado um anátema por qualquer engenheiro da área.

O entrelaçamento, no entanto, terá uma morte natural. Uma lei contra isso seria tão razoável quanto as antigas leis puritanas que regulavam as atividades humanas aos domingos. O mundo digital é muito mais flexível do que o reino analógico, pois os sinais podem carregar consigo toda sorte de informações adicionais sobre si mesmos. Os computadores podem processar e pós-processar sinais, adicionar e subtrair o entrelaçamento, alterar o número de quadros por segundo e modificar a razão de aspecto da imagem, de modo a adequar a razão de aspecto original de um determinado sinal ao formato de um monitor qualquer. Por essa razão, o melhor é que tenhamos o menos possível a ver com a fixação arbitrária de qualquer padrão, até porque o que hoje parece lógico vai se revelar absurdo amanhã.

TÃO MALEÁVEL QUANTO A CONSTITUIÇÃO AMERICANA

O mundo digital é intrinsecamente maleável. Ele pode crescer e modificar-se de uma forma mais contínua e orgânica do que os antigos sistemas analógicos. Quando você compra um aparelho de TV, joga fora o velho e adota o novo, totalmente diferente. Ao computador, pelo contrário, estamos acostumados a ir adicionando novas características — periféricos, programas —, em vez de trocá-lo inteiro por uma versão atualizada, contendo novidades minúsculas. Na verdade, a própria palavra "atualização" [*upgrade*] possui uma tintura digital. Cada vez acostumamo-nos mais a atualizar nossos computadores, comprando um monitor melhor, instalando uma placa de som e esperando que nossos programas passem a funcionar melhor, em vez de simplesmente não funcionar. Por que não é assim com a TV?

Será. Hoje estamos presos a três padrões analógicos. Nos Estados Unidos e no Japão usamos o NTSC (que significa *National Television Systems Committee*), embora os europeus digam que a sigla significa *Never The Same Color* ("nunca a mesma cor"). Na Europa, impera o sistema PAL (*Phase Alternating Line*), seguido na França pelo SECAM (*SEquential Couleur Avec Mémoire*). Os americanos dizem que essa última sigla significa, na verdade, *Something Essentially Contrary to America* ("algo essencialmente contra os Estados Unidos"). O resto do mundo, querendo ou não, vai atrás, utilizando um desses três sistemas, em sua forma pura ou impura, escolhendo-o mais ou menos com a mesma lógica que governa a escolha nacional de uma segunda língua.

Ser digital é optar por ser independente de tais padrões confinantes. Se sua TV não fala um determinado dialeto, você vai até a loja de informática mais próxima e compra um decodificador digital, da mesma forma como hoje você compra programas para seu PC.

Se a definição é uma variável importante, então a solução é decerto construir um sistema que possa ser atualizado, e não um sistema atrelado ao número de linhas de varredura que hoje se pode mostrar com facilidade. Quando você ouve pessoas falando sobre 1125 ou 1250 linhas, não há nenhuma mágica nesses números. O que ocorre é simplesmente que eles estão próximos do máximo de linhas de varredura [*scan lines*] que se pode ter hoje com um tubo de raios catódicos (CRT). Na verdade, o modo como os engenheiros de televisão encaravam essas linhas no passado já não é eficaz.

Antigamente, quando os aparelhos de TV começaram a se tornar maiores, o telespectador passou a se afastar dele, chegando afinal ao proverbial sofá. Em média, o número de linhas de varredura por milímetro que chegava às pupilas do espectador era mais ou menos constante.

Depois, por volta de 1980, ocorreu uma súbita mudança, e as pessoas foram trazidas do sofá para a mesa, para uma experiência visual de dezoito polegadas. Essa mudança vira de ponta-cabeça a maneira de conceber as linhas de varredura, porque não podemos mais pensar em termos de linhas por imagem (como sempre fizemos com os aparelhos de TV), e sim em linhas por polegada, como fazemos com o papel ou com os modernos monitores de computador (e o Centro de Pesquisa de Palo Alto da Xerox Corporation leva o crédito por ter sido o primeiro a pensar em termos de linhas por polegada). Um monitor maior necessita de mais linhas. Mais tarde, quando formos capazes de dispor telas planas lado a lado, teremos capacidade de apresentar imagens com uma resolução de 10 mil linhas. Limitarmo-nos a pensar em mil linhas, que é aproximadamente o que temos hoje, é ter visão curta.

A maneira de se obter alta definição em massa amanhã é tornar o sistema atualizável hoje, exatamente o que nenhum dos atuais proponentes de sistemas digitais de televisão está fazendo no momento. Curioso.

A TV COMO POSTO DE PEDÁGIO

Todos os fabricantes de hardware e software para computador estão cortejando a indústria da TV a cabo, o que não surpreende, se considerarmos que a ESPN tem mais de 60 milhões de assinantes. A Microsoft, a Silicon Graphics, a Intel, a IBM, a Apple, a DEC, a HP — todas essas empresas firmaram grandes acordos com a TV a cabo.

A razão de toda essa fermentação é o conversor [*set-top box*], atualmente pouco mais que um sintonizador, mas destinado a ser muito mais que isso. À velocidade que as coisas vêm se desenvolvendo, logo teremos tantos tipos de conversor quanto hoje temos de controles remotos (um para TV a cabo, um para satélite, um para o par trançado, um para cada transmissão em UHF e assim por diante). Uma tamanha salada de conversores incompatíveis entre si é um pensamento horrível.

O interesse no conversor decorre de seu emprego potencial como, entre outras coisas, uma porta pela qual o "fornecedor" do aparelho e sua interface pode vir a tornar-se um porteiro das diversas fontes de informação, cobrando taxas onerosas por esta última, na medida em que ela passa por essa espécie de pedágio para entrar na casa do consumidor. Embora isso pareça um excelente negócio, não está claro se fará bem ao interesse público. Pior ainda, o conversor em si representa, do ponto de vista técnico, uma falta de visão, além de ser um enfoque equivocado. Deveríamos ampliar nossa visão, voltando-a antes para projetos de informática de interesse geral, menos exclusivos no que concerne ao direito de exploração.

A palavra *box*, "caixa", conforme ela figura em *set-top box*, carrega consigo as piores conotações, mas a teoria é a seguinte. Nosso apetite insaciável pela largura de banda coloca atualmente a televisão a cabo na liderança dos serviços de informação e entretenimento transmitidos por banda larga. Os atuais serviços por cabo incluem os conversores porque apenas uma fração mínima dos televisores vêm aparelhados para a recepção da transmissão por cabo. Considerando-se, então, a existência e aceitação do conversor, a idéia é simplesmente enriquecê-lo com funções adicionais.

O que há de errado com esse plano? É simples. Até mesmo os mais conservadores dentre os engenheiros especializados em televisão concordam em que a diferença entre um televisor e um computador vai, no futuro, restringir-se apenas aos periféricos e ao cômodo da casa em que cada um será instalado. Não obstante, essa percepção está sendo comprometida pelos impulsos monopolísticos da indústria da transmissão por cabo e pelo desejo de expandir progressivamente o conversor no sentido de fazê-lo controlar mil programas, a 999 dos quais você (por definição) não estará assistindo. No lucrativo ringue da construção da televisão digital, o computador por enquanto tem sido "nocauteado" no primeiro round.

Sua recuperação, porém, será triunfante.

A TV COMO COMPUTADOR

Costumo perguntar às pessoas se elas se lembram daquele livro de Tracy Kidder, *The soul of a new machine*. Pergunto, então, a alguém que o tenha lido se é capaz de lembrar-se do nome do fabricante do computador em questão. Ainda não encontrei quem se lembrasse. A Data General (essa era a tal empresa), a Wang e a Prime — no passado, empresas ambiciosas e de alto crescimento — demonstraram total desinteresse pelos sistemas abertos. Lembro-me de ter estado à mesa de reuniões de diretoria nas quais as pessoas argumentavam que sistemas proprietários trariam uma grande vantagem em termos de concorrência. Aquele que conseguisse desenvolver um sistema que fosse ao mesmo tempo popular e único bloquearia a concorrência. Parece lógico, mas trata-se de um completo equívoco, e é por isso que as três companhias mencionadas acima, além de muitas outras, praticamente não existem mais. Essa é também a razão pela qual a Apple está atualmente mudando sua estratégia.

O conceito dos "sistemas abertos" é vital, um conceito que exercita a porção empreendedora de nossa economia e desafia tanto os sistemas proprietários quanto os vastos monopólios. E ele está ganhando. Num sistema aberto, competimos com nossa própria imaginação, e não contra uma chave e uma fechadura. O resultado é não apenas um maior número de companhias bem-sucedidas, mas também uma gama maior de alternativas para o consumidor e um setor comercial cada vez mais ágil, capaz de rápidas mudanças e de um veloz crescimento. Um sistema aberto de verdade é de domínio público, está totalmente disponível na condição de uma fundação sobre a qual todos podem construir.

O crescimento dos computadores pessoais está acontecendo com tamanha rapidez que a televisão de arquitetura aberta do futuro é o PC, e ponto final. O conversor será apenas um complemento do tamanho de um cartão de crédito que transformará seu PC numa porta eletrônica para a transmissão a cabo, o telefone ou o satélite. Em outras palavras, não haverá uma indústria de aparelhos de TV no futuro. Essa indústria será nada mais nada menos do que uma fábrica de computadores: telas repletas de toneladas de memória e enorme poder de processamento. Com alguns desses produtos é provável que você tenha uma experiência visual não mais de dezoito polegadas, mas de três metros, e mais freqüentemente em grupo do que na condição de um indivíduo. E, contudo, sejá lá como for que você o encare, esse aparelho continuará sendo um computador.

O motivo para tanto é que os computadores estão se capacitando cada vez mais para o vídeo, equipando-se para processá-lo e mostrá-lo como um tipo de dado. Para as conferências eletrônicas, as publicações multimídia e uma grande quantidade de aplicativos voltados para a simulação, o vídeo está se transformando numa parte de todos — e não apenas de muitos — os computadores. E isso está acontecendo tão depressa que o passo de cágado do desenvolvimento da televisão, ainda que digital, será eclipsado pelo do computador pessoal.

O ritmo de desenvolvimento da TV de alta definição, por exemplo, foi sincronizado com as Olimpíadas, em parte para obter divulgação internacional, em parte para que ela seja vista sob uma das luzes que lhe conferem maior crédito: a dos eventos esportivos espetaculares. Você, de fato, pode não conseguir ver um disco de hóquei numa televisão normal. Assim, o Japão utilizou os Jogos Olímpicos de Seul, no verão de 1988, para lançar a Hi-Vision, do mesmo modo que os europeus apresentaram sua HD-MAC nos Jogos Olímpicos de Inverno de 1992, em Albertville (e apenas para interromper seu desenvolvimento menos de um ano mais tarde).

Os que investem na HDTV americana propuseram o verão de 1996, durante as Olimpíadas de Atlanta, como a data de apresentação de seu novo sistema de alta definição de arquitetura fechada. Até lá, será tarde demais, e a televisão de alta definição terá nascido morta. Em 1996, ninguém dará bola para isso, e uns

20 milhões de americanos poderão estar assistindo à NBC numa janela do canto superior direito de seus monitores de computador. A Intel e a CNN já anunciaram conjuntamente tal serviço em outubro de 1994.

O NEGÓCIO DA IRRADIAÇÃO DOS BITS

A chave para o futuro da televisão é parar de pensar nela como televisão. Pensar em termos de bits beneficia sobretudo a TV. Os filmes são, também eles, apenas um caso particular de transmissão de dados. Bits são bits.

O jornal da TV pode não apenas ser transmitido a hora que você quiser: ele pode também ser editado para você e acessado de forma aleatória. Se você deseja ver um velho filme com Humphrey Bogart às 8h17 da noite, a companhia telefônica pode providenciá-lo por meio de seu par trançado. Mais tarde, ao assistir a um jogo de beisebol, você poderá fazê-lo de qualquer ponto do estádio ou, se quiser, da perspectiva da própria bola. São esses os tipos de mudança decorrentes da digitalização, bem diferentes da possibilidade de assistir a "Seinfeld" com o dobro da resolução atual.

Quando a televisão for digital, ela contará com muitos bits novos — aqueles que conterão informação sobre os demais. Esses bits podem ser simples cabeçalhos informativos da resolução, da taxa de varredura [*scan rate*] e da razão de aspecto, permitindo que sua televisão processe e mostre o sinal em toda sua plenitude. Podem incluir também o algoritmo decodificador que, combinado com o código de barras de uma caixa de sucrilhos, permitirá que você leia algum sinal estranho ou codificado. Os bits podem pertencer a uma dentre uma dúzia de trilhas de som, possibilitando-lhe assistir a um filme estrangeiro em sua própria língua. Ou podem ser os dados de controle de um botão que permite alterar um filme, passando-o de pornográfico para impróprio para menores de catorze anos ou livre (e o contrário também). O atual aparelho de TV nos permite controlar o brilho, o volume e o canal. Os televisores de amanhã nos permitirão variar a quantidade de sexo, violência e a tendência política que queremos.

A maioria dos programas de televisão, à exceção dos eventos esportivos e dos resultados de uma eleição, não precisa ser transmitida em tempo real, um dado que embora seja crucial para a TV digital é amplamente ignorado. Isso significa que ver TV é, em grande parte, como baixar um arquivo para um computador. Os bits são transferidos a uma velocidade que nada tem a ver com aquela em que serão vistos. E, mais importante, uma vez no computador, não há necessidade de vê-los na ordem em que foram enviados. De repente, a TV se transforma num veículo de acesso aleatório, mais parecido com um livro ou jornal: pode-se folheá-la, modificá-la; ela não depende mais do horário, do dia ou do tempo necessário para a transmissão.

Se pararmos de pensar no futuro da televisão em termos exclusivamente de alta definição e começarmos a construí-lo em sua forma mais geral — a da irradiação de bits —, a TV se transformará num veículo inteiramente diferente. Começaremos, então, a testemunhar o surgimento de muitos aplicativos novos, criativos e estimulantes na superestrada da informação. A não ser que a polícia dos bits nos detenha.

4

A POLÍCIA DOS BITS

A LICENÇA PARA IRRADIAR BITS

Há cinco caminhos para se levar informação e entretenimento à casa das pessoas: o satélite, a radiodifusão, o cabo, o telefone e a mídia embalada (todos aqueles átomos como os cassetes, CDs e material impresso). A Federal Communications Commission (FCC) serve ao público em geral regulamentando alguns desses caminhos e parte do conteúdo informativo que flui através deles. Trata-se de um trabalho difícil, pois a FCC vê-se com freqüência na espinhosa fronteira entre a proteção e a liberdade, o público e o privado, a competição e os vastos monopólios.

Uma preocupação fundamental da FCC é o espectro utilizado pelas comunicações sem fio. O espectro é considerado algo que pertence a todos e que deve ser utilizado com justiça, de forma competitiva, sem interferências e dotado de todos os incentivos necessários para se tornar algo enriquecedor para o povo americano. Faz muito sentido que seja assim, pois, sem tal supervisão, os sinais de televisão, por exemplo, poderiam colidir com os dos telefones celulares, e o rádio poderia interferir com as transmissões da Marinha. Essa rodovia no céu de fato precisa de algum controle de tráfego.

Recentemente, algumas porções do espectro foram leiloadas a preços altíssimos para a telefonia celular e o vídeo interativo. Outras porções são cedidas de graça, pois diz-se que servem ao interesse público. Esse é o caso da televisão comercial, mantida por seus anunciantes e oferecida "de graça" ao telespectador. Na verdade, você está pagando por ela quando compra uma caixa de OMO ou de qualquer outro produto anunciado.

A FCC propôs dar às estações de televisão existentes uma "pista" adicional (6 MHz) de espectro livre para a HDTV, sob a condição de que o espectro atualmente utilizado por essas estações (também 6 MHz) seja devolvido num prazo de quinze anos. Ou seja, por um período de quinze anos, as atuais estações de televisão teriam 12 MHz. A idéia, sujeita a mudanças, é dar à televisão atual um período de transição no seu avançar rumo à televisão do futuro. Seis anos atrás, quando foi concebida como um caminho de um mundo analógico para outro também analógico, essa idéia fazia sentido. De repente, porém, a televisão de alta definição tornou-se digital. Nós sabemos hoje como transmitir 20 milhões de bps num canal de 6 MHz, de modo que as regras todas podem sofrer uma súbita mudança e, em alguns casos, uma mudança surpreendente.

Imagine que você seja o proprietário de uma estação de televisão e que a FCC tenha acabado de lhe conceder uma licença para transmitir 20 milhões de bps. Você acaba de receber permissão para se tornar um centro local de irradiação de bits. Tal licença foi concedida para uma televisão, mas, seja sincero, o que você faria com ela?

Seja honesto. A última coisa que você faria seria transmitir televisão de alta definição, pois a programação é escassa e os telespectadores são poucos. Com alguma astúcia, você provavelmente perceberia que pode transmitir quatro canais de televisão digital normal, NTSC, com qualidade de estúdio (a 5 milhões de bps cada um), aumentando assim sua fatia potencial de audiência e sua receita publicitária. Refletindo melhor, você poderia, em vez disso, decidir transmitir três canais de TV, utilizando 15 milhões de bps, e dedicar os restantes 5 milhões a dois sinais digitais de rádio, um sistema de transmissão da cotação de ações e um serviço de bip.

Durante a noite, quando poucas pessoas estão assistindo à televisão, você poderia utilizar sua licença para vomitar bits no éter, transmitindo jornais personalizados a serem impressos nas casas das pessoas. Ou, então, aos sábados, você pode decidir que a definição da imagem é importante (para um jogo de futebol, digamos) e dedicar 15 milhões dos seus 20 milhões de bits a uma transmissão de alta definição. No que tange àqueles 6 MHz ou aos 20 milhões de bits, você poderia ser sua própria FCC, alocando-os como e quando desejasse.

Não era isso que a FCC tinha em mente quando, visando a transição rumo à HDTV, recomendou a alocação do novo espectro para as atuais emissoras de televisão. Grupos ansiosos por entrar no ramo da irradiação de bits vão gritar feito loucos quando perceberem que as estações de TV tiveram seus espectros duplicados e sua capacidade de transmissão aumentada em 400% para os próximos quinze anos, e isso sem custo algum!

Será que isso significa que deveríamos chamar a polícia dos bits, a fim de nos certificarmos de que esse novo espectro e todos os seus 20 milhões de bps sejam usados exclusivamente para a HDTV? Espero que não.

OS BITS DA MUDANÇA

À época dos aparelhos analógicos, o trabalho de alocação do espectro da FCC era muito mais fácil. Ela podia apontar para porções diferentes do espectro e dizer: essa é para a televisão, aquela para o rádio, aquela outra para a telefonia celular etc. Cada naco de espectro era um veículo específico de comunicação ou transmissão, com suas características e anomalias próprias e um propósito bem definido. Num mundo digital, porém, tais diferenças embaralham-se ou, em alguns casos, desaparecem: tudo são bits. Podem ser bits de rádio, de TV ou de comunicação naval, mas são bits do mesmo jeito, sujeitos àquela mesma mistura e multiuso que define o que é multimídia.

A mudança na televisão nos próximos cinco anos será algo tão fenomenal que chega a ser difícil compreender o que vai acontecer. É difícil imaginar que a FCC possa ou queira regular a utilização dos bits, exigindo, por exemplo, que uma cota deles seja usada para HDTV, outra para a televisão normal, outra para o rádio e assim por diante. Ninguém empregaria todos os seus 20 milhões de bps no rádio, havendo melhor perspectiva de receita na TV ou na transmissão de dados. Cada um acabaria por modificar sua alocação de bits dependendo do dia da semana, da hora do dia, dos feriados e eventos especiais. A flexibilidade é crucial, e o público será mais bem servido por aqueles que souberem responder com maior rapidez e imaginação no emprego dos bits.

Num futuro próximo, os transmissores, em sua própria estação de transmissão, vincularão os bits a um veículo em particular (como TV ou rádio). Isso é o que as pessoas em geral querem dizer quando falam em convergência digital ou irradiação de bits. O transmissor avisa o receptor: aqui vão bits de TV, bits de rádio ou bits representando o *Wall Street Journal.*

Num futuro mais distante, os bits não ficarão presos a um veículo específico ao deixarem a estação transmissora.

Tome como exemplo a previsão do tempo. Em vez de transmitir a moça do tempo, com seus proverbiais mapas e gráficos, pense em enviar um modelo feito por computador. Esses bits chegarão em sua TV-computador e você, então, na ponta receptora, implícita ou explicitamente utilizará sua inteligência local de processamento para transformá-los num relato falado, num mapa impresso ou num desenho animado, com sua personagem preferida de Walt Disney. O aparelho de TV inteligente fará isso da maneira que você quiser, talvez até mesmo de acordo com sua disposição ou humor no momento. Nesse exemplo, o transmissor nem sequer sabe em que os bits se transformarão: vídeo, áudio ou papel. Você é quem decide. Os bits deixam a estação sob a forma de bits que serão utilizados e transformados de uma série de maneiras diferentes, sendo personalizados por toda uma gama de programas diversos de computador e arquivados ou não, conforme a vontade do usuário.

Tem-se aí um cenário que é verdadeiramente o da transmissão de bits e dados, muito além do tipo de controle regulador que temos hoje e que pressupõe que o transmissor saiba se um determinado sinal é de TV, rádio ou dados.

É possível que muitos leitores tenham pensado que minha menção à polícia dos bits era sinônimo de censura. Não é assim.

O consumidor atuará como censor dizendo ao aparelho receptor que bits selecionar. Por força do hábito, a polícia dos bits vai querer controlar o próprio veículo, o que não faz nenhum sentido. O problema, estritamente político, é que a alocação proposta para a TV de alta definição parece-se mais com uma doação. Embora a FCC não tenha pretendido distribuir presentes, grupos com interesses específicos farão o diabo pelo fato de os ricos em largura de banda estarem ficando mais ricos.

Creio que a FCC é esperta demais para querer se transformar na polícia dos bits. Sua missão é fazer com que serviços avançados de informação e entretenimento proliferem em benefício do interesse público. Não existe maneira alguma de restringir a liberdade de irradiação de bits, assim como os romanos não conseguiram deter a propagação do cristianismo, ainda que, no processo, alguns bravos e precoces transmissores de dados possam ser devorados pelos leões de Washington.

A PROPRIEDADE CRUZADA

Pense num jornal moderno. O texto é preparado num computador; as matérias são com freqüência enviadas pelos repórteres sob a forma de *e-mail*. As fotos são digitalizadas e, em geral, também transmitidas por fio. E o layout da página de um jornal moderno é feito por programas de editoração eletrônica, os quais preparam os dados para serem transferidos para o filme ou diretamente para as chapas de impressão. Isso significa que toda a concepção e construção do jornal é digital, do princípio ao fim, e até o último passo, quando a tinta é comprimida sobre as árvores mortas. Esse é o momento no qual os bits transformam-se em átomos.

Agora imagine que esse último passo não seja dado pelas rotativas, mas que os bits sejam entregues a você sob a forma de bits. Você pode escolher imprimi-los em casa, em função da conveniência de ler o jornal em papel (recomenda-se papel reciclado, para que não precisemos todos de uma enorme pilha de papel de imprensa). Ou você pode preferir baixar esses bits no seu laptop, palmtop ou, um dia, no seu monitor colorido de alta definição, inteiramente flexível, com uma espessura de dois décimos de milímetro, formato grande e à prova d'água (igualzinho a uma folha de papel, aliás, e cheirando a papel também, se é disso que você gosta). Embora haja muitas maneiras de fazer os bits chegarem até você, uma delas é com certeza a transmissão televisiva ou radiofônica. A estação de televisão poderá enviar os bits de jornal para você.

Êpa! A lei americana diz que não se pode ter um jornal e uma estação de TV numa mesma cidade. Quando tudo era analógico, o mecanismo mais fácil para se evitar o monopólio e garantir a pluralidade, a multiplicidade de vozes, era restringir a propriedade de meios de comunicação numa dada cidade a um único veículo. A diversidade de proprietários significava diversidade de conteúdo. Assim, se você possuía um jornal, não podia ter uma estação de TV, e vice-versa.

Em 1987, os senadores Kennedy e Hollings adicionaram na última hora a uma antiga resolução orçamentária uma cláusula que impedia a FCC de prorrogar isenções temporárias à lei da propriedade cruzada de meios de comunicação. O ato tinha por alvo Rupert Murdoch, que havia comprado um jornal em Boston, embora fosse já possuidor de uma estação de TV UHF naquela cidade. A assim chamada Lei Raio Laser contra Murdoch foi derrubada nos tribunais poucos meses depois, mas permanece a proibição do Congresso no que diz respeito à mudança ou revogação da lei de propriedade cruzada pela FCC.

Deveria mesmo ser ilegal a propriedade simultânea de um bit de jornal e um bit de televisão numa mesma cidade? E se o bit de jornal constituir um refinamento do bit de TV num complexo e personalizado sistema de informação multimídia? O consumidor se beneficia do fato de os bits se misturarem e de as notícias poderem ostentar vários níveis de profundidade e qualidade de apresentação. A persistirem as políticas atuais no que se refere à propriedade cruzada, o cidadão americano não estará sendo privado de um ambiente informativo o mais rico possível? Estaremos enganando a nós mesmos de forma grotesca se proibirmos certos bits de se misturarem com outros.

A garantia da pluralidade pode requerer menos legislação do que se pensa, pois os impérios monolíticos de comunicações estão se dissolvendo numa série de indústrias de fundo de quintal. À medida que formos nos conectando e transmitindo cada vez mais bits e cada vez menos átomos, desaparecerá a vantagem de se possuir um parque gráfico. Até mesmo o fato de se dispor de um dedicado time de repórteres espalhados pelo mundo inteiro vai perder parte de seu significado, à medida que talentosos free-lancers da palavra escrita forem descobrindo um foro eletrônico conectado às nossas casas.

Os atuais barões dos meios de comunicação irão se agarrar a seus impérios centralizados amanhã, na tentativa de mantê-los. Estou convencido de que, lá por 2005, os americanos passarão mais horas na Internet (ou qualquer que seja o nome) do que assistindo às redes de televisão. As forças combinadas da tecnologia e da natureza humana acabarão por impor a pluralidade com muito maior vigor do que quaisquer leis que o Congresso possa inventar. Mas, caso eu esteja errado, no longo prazo e no curto prazo do período de transição, seria melhor a FCC encontrar algum esquema criativo para substituir as leis de propriedade cruzada da era industrial por incentivos e diretrizes voltados para a vida digital.

PROTEÇÃO DOS BITS?

A lei do direito autoral está totalmente ultrapassada. Trata-se de um artefato gutenberguiano. Como se trata de um processo reativo, é provável que sucumba inteiramente antes que se possa corrigi-la.

A maior parte das pessoas preocupa-se com os direitos autorais em razão da facilidade de se fazerem cópias. No mundo digital, a questão não é apenas a facilidade, mas também o fato de que a cópia digital é tão perfeita quanto o original, e, com o auxílio do computador e de alguma imaginação, até melhor. Da mesma forma que séries de bits podem ter seus erros corrigidos, pode-se também limpar, melhorar e libertar uma cópia de quaisquer ruídos. A cópia é perfeita. A indústria da música sabe disso muito bem, e o fato de a cópia ser perfeita tem motivado a demora no lançamento de muitos produtos eletrônicos, notadamente do DAT (*Digital AudioTape*, a fita cassete digital). Talvez isso não faça sentido algum, pois a duplicação ilegal de fitas parece já feroz, mesmo com cópias imperfeitas. Em alguns países, 95% das fitas de vídeo vendidas são pirateadas.

O tratamento hoje dispensado aos direitos autorais, e a atitude em relação a eles, varia radicalmente de um veículo para outro. A música desfruta de considerável atenção internacional, e os compositores de melodias, letras e sons são reembolsados por anos e anos. A melodia de "Parabéns a você" é de domínio público, mas se você quiser usar a letra numa cena de filme, tem de pagar royalties à Warner/Chappell. Não é lá muito lógico, mas, de qualquer maneira, isso faz parte de um complexo sistema de proteção aos compositores e intérpretes.

Um pintor, pelo contrário, mais ou menos dá adeus a sua pintura no ato da venda. Um sistema do tipo pague-para-ver [*pay-per-view*, sistema em que o assinante paga por cada exibição de um programa] seria impensável. Por outro lado, em alguns lugares ainda é perfeitamente legal retalhar um quadro e revendê-lo em pedacinhos, ou reproduzi-lo sob a forma de carpete ou toalha de banho, sem a permissão do artista. Nos Estados Unidos, somente em 1990 editamos uma lei dos direitos dos artistas visuais, impedindo esse tipo de mutilação. Assim, mesmo para o mundo analógico, o sistema atual não vai durar muito tempo nem é inteiramente justo.

No mundo digital, não se trata simplesmente de ser mais fácil copiar e de as cópias serem mais fiéis. Nós conheceremos um novo tipo de fraude, que pode afinal não ser fraude alguma. Quando leio algo na Internet e, qual um recorte de jornal, quero mandar uma cópia para alguém ou para uma lista, isso parece inofensivo. No entanto, com menos de uma dúzia de teclas digitadas, eu poderia retransmitir esse material para milhares de pessoas por todo o planeta (o que não acontece com o recorte de jornal). Recortar bits é bem diferente de recortar átomos.

Na economia irracional da Internet de hoje, não custa sequer um centavo fazer o que descrevi anteriormente. Ninguém possui uma idéia clara de quem paga o que na Internet, mas ela parece ser um serviço gratuito para a maioria dos usuários. Mesmo que isso venha a mudar no futuro, e algum modelo econômico racional seja aplicado à Internet, a distribuição de 1 milhão de bits para 1 milhão de pessoas poderá custar não mais do que um ou dois centavos. Com certeza, o preço não chegará nem perto das tarifas postais ou das taxas cobradas pela Federal Express, as quais se baseiam na movimentação de átomos.

Além disso, não apenas pessoas, mas também programas de computador estarão lendo textos como o deste livro e fazendo, por exemplo, resumos automáticos do conteúdo. A lei dos direitos autorais reza que se você resume um material escrito, esse resumo é propriedade intelectual sua. Duvido que os legisladores tenham algum dia considerado a possibilidade de um resumo ser feito por uma entidade inanimada ou por piratas-robôs.

Ao contrário das patentes — que, nos Estados Unidos, são da alçada de outro setor do governo (do Departamento de Comércio e, portanto, do Executivo), diferente daquele que cuida dos direitos autorais (a Biblioteca do Congresso, ou seja, o poder legislativo) —, o direito autoral protege a expressão e a forma da idéia, e não a idéia em si. Ótimo.

O que acontece, então, quando transmitimos bits — que são, na realidade, amorfos — como aqueles dados sobre a previsão do tempo de que falei antes? Difícil dizer se um modelo das condições do tempo feito em computador é ou não uma expressão desse tempo. Na verdade, um modelo completo e robusto das condições do tempo feito em computador constitui, antes, uma simulação dessas condições, tão próxima da "coisa real" quanto se pode conceber. Decerto, a "coisa real" não é uma expressão de si mesma, mas ela própria.

Expressões do tempo são uma voz "falando" sobre suas condições com determinada entonação, um diagrama animado "mostrando-as" com o auxílio de cores e movimento ou uma mera folha impressa "representando" essas condições num mapa anotado e ilustrado. Tais expressões não estão contidas nos dados, mas constituem corporificações deles, confeccionadas por uma máquina quase (ou de fato) inteligente. Ademais, essas diferentes corporificações podem refletir o usuário e seu gosto em termos de expressão, em oposição àquele da previsão do tempo na TV local, nacional ou internacional. Não há direito autoral a assegurar na ponta transmissora.

Veja o mercado de ações. As flutuações dos preços das ações minuto a minuto podem ser apresentadas de várias maneiras diferentes. O conjunto dos dados, tanto quanto o conteúdo da lista telefônica, não pode ser objeto de direito autoral. Objeto deste seria, sem dúvida, uma ilustração do desempenho de uma determinada ação ou grupo de ações. Cada vez mais o receptor, e não o transmissor, dará esse tipo de forma aos dados, complicando ainda mais o problema da proteção.

Em que medida esse conceito do caráter amorfo dos dados pode ser estendido a materiais menos prosaicos? A um noticiário (o que é possível) ou a um romance (algo mais difícil de se imaginar)? Quando os bits são bits, deparamos com todo um novo elenco de questões, e não apenas com os velhos problemas como a pirataria.

O meio não é mais a mensagem.

5

OS BITS MISTURADOS

REDIRECIONANDO A "MATERIAL GIRL"

O fato de uma ex-chefe de torcida de Michigan, então com 34 anos, ter gerado em um ano vendas de mais de 1,2 bilhão de dólares não passou despercebido na Time Warner, que, em 1992, assinou um contrato "multimídia" de 60 milhões de dólares com Madonna. À época, espantei-me ao ver o termo *multimídia* sendo utilizado para descrever um conjunto heterogêneo composto de material impresso, discos e produções cinematográficas. Desde então, deparo com a palavra quase todo dia no *Wall Street Journal*, empregada com freqüência como adjetivo, significando desde interativo até digital, passando por banda larga. Uma das manchetes diz: "Lojas de discos sucumbem às lojas de multimídia". A impressão que dá é que, se você é um empresário do setor de informação ou entretenimento que não pretende entrar para o ramo da multimídia, você logo estará fora do mercado. O que significa tudo isso?

Significa tanto um conteúdo novo quanto maneiras diferentes de encarar conteúdos antigos. Significa veículos intrinsecamente interativos, algo que se tornou possível graças à língua franca digital dos bits. E tem a ver também com os custos decrescentes, o poder crescente e a presença maciça dos computadores.

Esse impulso tecnológico é intensificado por um agressivo empurrão das empresas de comunicação, que estão vendendo e revendendo a maior quantidade possível de seus velhos bits, incluindo-se aí os de Madonna (que vendem tão bem). Isso significa não apenas a reutilização de arquivos de músicas e de filmes, como também o uso expandido de áudio e vídeo, aos quais se acrescentam dados, para todas as finalidades possíveis e imagináveis, tudo isso em pacotes múltiplos despachados por diversos canais. As empresas estão determinadas a redirecionar seus bits a um custo aparentemente insignificante, e com lucros provavelmente grandes.

Se trinta minutos de uma comédia custam à CBS ou à Fox meio milhão de dólares, não é necessária muita sabedoria para concluir que seu arquivo já existente de, digamos, 10 mil horas de material filmado poderia ser reutilizado de forma lucrativa. Se, numa estimativa bastante conservadora, você avaliasse o valor de seus velhos bits a 1/50 do que custariam outros novos, isso significa que seu arquivo vale 200 milhões de dólares. Nada mau.

Um tal redirecionamento sempre caminhou de mãos dadas com o nascimento de qualquer veículo novo. O cinema reutilizou as peças de teatro, o rádio revendeu espetáculos e a TV reciclou os filmes. Portanto, não há nada de estranho no desejo de Hollywood de redirecionar seus arquivos de vídeo ou combiná-los com música e texto. O problema é que é difícil encontrar material específico de multimídia, nascido no próprio meio, já que ainda nos encontramos nos primórdios desse veículo.

Serviços de informação e entretenimento que saibam de fato tirar proveito da multimídia, definir esse novo veículo, precisam ser desenvolvidos, necessitando de um período de gestação longo o bastante para acomodar sucessos e fracassos. Conseqüentemente, os atuais produtos multimídia são como crianças recém-nascidas, dotadas de bons genes, mas ainda não desenvolvidas o suficiente para ter uma personalidade reconhecível e um físico robusto. A maior parte dos atuais aplicativos multimídia é algo anêmica, raramente constituindo mais do que um ou outro tipo de oportunismo. Mas estamos aprendendo rápido.

De um ponto de vista histórico, o período de incubação de um novo veículo pode ser bastante longo. Levou vários anos para que as pessoas pensassem em movimentar uma câmera de cinema, em vez de simplesmente deixar que os atores se movimentassem à sua frente. Trinta e um anos foram necessários para que pensassem em colocar som nos filmes. Mais cedo ou mais tarde, dúzias de novas idéias surgirão para conferir ao cinema e ao vídeo um vocabulário totalmente novo. O mesmo vai acontecer com a multimídia. Até que tenhamos um corpo robusto de tais conceitos, estaremos fadados a assistir a uma considerável regurgitação de bits de arquivo. Isso pode ser interessante no que concerne aos bits de *Bambi*, mas talvez não tanto em relação aos do *Exterminador do futuro 2*.

Colocar material infantil em multimídia, sob a forma de CD-ROM (isto é, de átomos), funciona particularmente bem porque uma criança quer ver ou ouvir a mesma história diversas vezes. Eu tive em casa um dos primeiros aparelhos de LaserDisc da Pioneer, em 1978. Naquela época, só havia um filme em disco-laser: *Agarra-me se puderes*. Meu filho, então com oito anos, agüentou ver o filme centenas de vezes, a ponto de descobrir cortes impossíveis (Jackie Gleason de um lado da porta do carro num quadro e do outro lado no quadro seguinte), que nos escapam à velocidade de trinta quadros por segundo. Num lançamento posterior, *Tubarão*, ele conseguiu, quadro a quadro, encontrar os fios do bicho, ocupando-se assim por várias horas.

Ao longo desse período, *multimídia* significava clubes noturnos eletrônicos da moda, com luz estroboscópica e muito exibicionismo. Tinha a conotação de rock misturado a show de luzes. Pediram-me que removesse a palavra *multimídia* de uma proposta para o Departamento de Defesa. O pessoal do Departamento teve medo que me agraciassem com o famoso prêmio Golden Fleece [Velocino de Ouro] do senador William Proxmire — um prêmio anual outorgado aos projetos mais despropositados que o governo financiou —, e com toda a publicidade negativa que o acompanha. (Em dezembro de 1979, o Office of Education, assim chamado à época, teve menos sorte: um de seus pesquisadores ganhou o Golden Fleece por gastar 219 592 dólares no desenvolvimento de um "pacote curricular" visando ensinar a estudantes universitários como assistir à televisão.)

Mostramos numa tela de computador uma página de texto toda colorida e ilustrada, e as pessoas ficaram de queixo caído ao ver a ilustração transformar-se num filme com som sincronizado a um toque de dedo. Alguns dos melhores títulos atuais em multimídia são versões caras e melhoradas de experiências mais toscas, mas seminais, daquele período.

O NASCIMENTO DA MULTIMÍDIA

Em 3 de julho de 1976, tarde da noite, os israelenses atacaram com extraordinário sucesso o aeroporto de Entebe, Uganda, resgatando 103 reféns em poder de terroristas pró-Palestina aos quais o ditador Idi Amin oferecera um refúgio seguro. A operação durou uma hora e, ao seu término, haviam morrido de vinte a quarenta soldados ugandenses e todos os sete seqüestradores. Um único soldado israelense e três reféns perderam a vida. Tal feito impressionou tanto os militares americanos, que a Advanced Research Projects Agency, ARPA, foi solicitada a pesquisar meios eletrônicos de se dar aos comandos americanos treinamento similar àquele que os israelenses haviam tido para demonstrar tanta eficiência em Entebe.

Estes haviam simplesmente construído no deserto uma maquete em tamanho real do aeroporto de Entebe (o que foi fácil, pois engenheiros israelenses haviam projetado o aeroporto, quando as duas nações mantinham relações amigáveis). Nesse modelo acurado os comandos puderam, então, praticar pousos e decolagens, além de simular ataques. Quando chegaram a Uganda para o "ataque real", tinham já um extraordinário senso de orientação espacial, o que lhes permitiu agir como se morassem lá. Uma idéia simples e formidável.

Contudo, sua corporificação física não podia ser estendida a outros casos, uma vez que não podíamos construir réplicas de todos os possíveis alvos terroristas, como aeroportos e embaixadas, e de todas as situações potenciais de seqüestro. Tínhamos de fazê-lo com computadores. Mais uma vez, precisamos empregar bits em vez de átomos. No entanto, somente a computação gráfica, como aquela utilizada nos simuladores de vôo, era inadequada. Qualquer que fosse o sistema a ser desenvolvido, ele necessitaria daquele realismo fotográfico dos estúdios de filmagem hollywoodianos, a fim de transmitir um senso real de lugar e uma boa idéia do entorno.

Meus colegas e eu propusemos uma solução simples. Ela fazia uso de videodiscos para possibilitar ao usuário passear por corredores ou ruas, como se o veículo a conduzi-lo estivesse de fato rodando por tais corredores ou ruas. Escolhemos para o teste a cidade de Aspen (correndo o risco de ganhar o Golden Fleece), com malha urbana e tamanho manejáveis e uma população exótica o bastante para não se preocupar com um caminhão caseiro de filmagens rodando por todas as ruas ao longo de várias semanas durante diversas estações.

O modo como o sistema funcionava era simples. Todas as ruas foram filmadas nos dois sentidos, à razão de um quadro por metro. Assim foi feito também com as curvas nos cruzamentos, filmadas em ambas as direções. Colocando-se as retas num videodisco e as curvas em outro, o computador era capaz de proporcionar a impressão, sem cortes, de se estar dirigindo. Quando você se aproximava de um cruzamento, digamos, no disco 1, o disco 2 já se posicionava ali, e, fosse a curva para a direita ou para a esquerda, o segmento correspondente era ativado. Enquanto a curva era mostrada, o disco 1 ficava livre para procurar a reta da rua na qual o veículo estava entrando e, mais uma vez, terminada a curva, a reta da nova rua era mostrada, sem cortes.

Em 1978, esse projeto parecia mágica. Você podia olhar pela janela do carro, parar em frente a um prédio (a delegacia de polícia, por exemplo), adentrá-lo, conversar com o delegado, selecionar diferentes estações do ano, ver os edifícios como eles eram quarenta anos antes, fazer um passeio monitorado, andar de helicóptero sobre mapas, transformar a cidade numa animação, juntar-se a uma cena num bar e deixar um rastro atrás de você como o fio de Ariadne, para auxiliá-lo a voltar ao ponto de partida. Nascia aí a multimídia.

O projeto teve um êxito tão grande que empreiteiras militares foram contratadas para construir protótipos de lugares; a idéia era proteger aeroportos e embaixadas de terroristas. Ironicamente, um dos primeiros lugares encomendados foi Teerã. Infelizmente, o trabalho não ficou pronto a tempo.

O BETAMAX DOS ANOS 90

Hoje, a oferta de multimídia constitui-se sobretudo de produtos para o consumo, os quais, sob a forma de títulos em CD-ROM, alcançam a maioria dos americanos entre cinco e dez anos de idade, além de um número crescente de adultos. Para o Natal de 1994, havia mais de 2 mil títulos de CD-ROM à disposição nos Estados Unidos. O número total de títulos em CD-ROM de todos os tipos existente hoje no mundo é estimado em mais de 10 mil. Em 1995, quase a totalidade dos computadores de mesa vendidos estarão equipados com um drive de CD-ROM.

Um CD, utilizado como memória só para leitura (ROM, *Read-Only Memory*), tem hoje uma capacidade de armazenamento de 5 bilhões de bits (usando-se apenas um lado, pois isso facilita sua fabricação). Dentro dos próximos dois anos, essa capacidade por lado será aumentada para 50 bilhões. Enquanto isso não acontece, 5 bilhões é já um número gigantesco, se se considerar que uma edição do *Wall Street Journal* tem aproximadamente 10 milhões de bits (ou seja, um CD-ROM é capaz de armazenar mais ou menos dois anos de jornal). Dizendo-o de outro modo, um CD representa por volta de cem clássicos ou cinco anos de leitura, mesmo para aqueles que lêem dois romances por semana.

De outro ponto de vista, 5 bilhões não é um número tão grande: é o suficiente para uma hora de vídeo comprimido. Nesse sentido, a capacidade do CD é, na melhor das hipóteses, modesta. No curto prazo, uma conseqüência provável disso é que os títulos em CD-ROM tenham muito texto — o que é econômico, do ponto de vista dos bits —, muitas fotos, algum som e apenas alguns trechinhos de vídeo. Assim, e por ironia, os CD-ROMS podem nos fazer ler mais, e não menos.

Contudo, a visão de longo prazo da multimídia não se baseia naquelas caixinhas de plástico de cinqüenta centavos, nos 5 ou 50 bilhões de bits, mas será construída a partir da base crescente de sistemas on-line instalados, estes sim de capacidade ilimitada. Louis Rossetto, o fundador da *Wired*, chama o CD-ROM de "o Betamax dos anos 90", referindo-se ao hoje defunto padrão Betamax de vídeo. Sem dúvida, ele tem razão em dizer que, a longo prazo, a multimídia será predominantemente um fenômeno on-line. Embora o modelo econômico da utilização de um serviço on-line possa diferir daquele de se ter em casa o CD-ROM, com o acesso por banda larga ao primeiro, a funcionalidade de ambos pode ser vista como idêntica.

De uma forma ou de outra, uma mudança editorial fundamental tem lugar, pois não se trata mais de uma escolha do tipo "ou-ou" entre profundidade e volume da informação. Quando você compra uma enciclopédia impressa, um atlas ou um livro sobre o reino animal, o que você espera é um tratamento bastante amplo e genérico da miscelânea de assuntos ali tratados. Por outro lado, em um livro sobre Guilherme Tell, as ilhas Aleutas ou cangurus, você quer um tratamento "em profundidade" da pessoa, lugar ou animal em questão. No mundo dos átomos, limites físicos impedem que se tenha volume e profundidade ao mesmo tempo — a não ser que se tenha um livro com quilômetros de espessura.

No mundo digital, o problema do volume *versus* profundidade desaparece, de modo que leitores e autores podem mover-se com maior liberdade entre o geral e o específico. Na verdade, a idéia de "querer saber mais sobre o assunto" é parte integrante da multimídia, e está na base da hipermídia.

LIVROS SEM PÁGINAS

A hipermídia é um desenvolvimento do hipertexto, designando a narrativa com alto grau de interconexão, a informação vinculada. A idéia surgiu de experiências antigas de Douglas Englebart no Stanford Research Institute, e deve seu nome a um trabalho de Ted Nelson na Brown University, por volta de 1965. Num livro impresso, frases, parágrafos, páginas e capítulos sucedem-se numa ordem determinada não somente pelo autor, mas também pela configuração física e seqüencial do próprio livro. Embora um livro possa ser lido aleatoriamente e os olhos do leitor possam passear ao acaso, ele se encontra confinado para sempre às três dimensões físicas que o delimitam.

No mundo digital isso não acontece. O espaço da informação não se limita de forma alguma a três dimensões. A expressão de uma idéia ou linha de pensamento pode incluir uma rede multidimensional de indicadores apontando para novas formulações ou argumentos, os quais podem ser evocados ou ignorados. Há que se imaginar a estrutura do texto como um complexo modelo molecular. Podem-se reordenar nacos de informação, expandir frases e fornecer de imediato definições de palavras (algo que eu espero que o leitor não necessite com freqüência neste livro). Tais vinculações podem ter sido embutidas no texto pelo próprio autor, no momento da "publicação", ou podem ser feitas posteriormente pelos leitores ao longo do tempo.

Pense na hipermídia como uma coletânea de mensagens elásticas que podem ser esticadas ou encolhidas de acordo com as ações do leitor. As idéias podem ser abertas e analisadas com múltiplos níveis de detalhamento. O melhor equivalente em papel que me ocorre é um daqueles calendários em que, sob o número de cada dia, há uma surpresa. Mas, quando você abre as pequenas portas eletrônicas (em vez das de papel), poderá ver um tipo diferente de história, dependendo da situação — ou, como nos espelhos de uma barbearia, uma imagem dentro de uma imagem dentro de uma imagem.

A interação está implícita em tudo quanto é multimídia. Se a experiência pretendida fosse passiva, então tanto a televisão legendada para deficientes auditivos quanto os filmes com legenda poderiam também ser definidos como uma combinação de vídeo, áudio e dados.

Produtos multimídia são tanto a televisão interativa quanto os computadores dotados de recursos de vídeo. Conforme se discutiu aqui anteriormente, a diferença entre ambos é pequena, torna-se cada vez menor e, no futuro, será inexistente. Muitas pessoas (sobretudo pais) pensam que "vídeo interativo" é videogame — Nintendo, Sega e outros. De fato, alguns jogos eletrônicos exigem tanto do físico do jogador que ele tem de vestir um abrigo para poder jogar. A TV do futuro, porém, não vai necessariamente exigir a hiperatividade do papa-léguas ou a forma física da Jane Fonda.

Hoje, sendo o equipamento desajeitado como é, multimídia é algo que ocorre no escritório ou na sala de estar. Nem mesmo os laptops, com seu desenho em forma de concha, servem como utensílios pessoais de informação. Isso vai mudar radicalmente com a chegada dos monitores pequenos, luminosos, finos, flexíveis e de alta resolução. A multimídia vai se tornar mais parecida com um livro, algo que você pode levar para a cama, com que você poderá conversar ou ouvir uma história. Um dia, ela será tão sutil e rica quanto a textura do papel e o cheiro do couro.

É importante perceber que multimídia é mais do que uma feira mundial particular ou um espetáculo de luz e som de informação, mesclando tão-somente punhados fixos de vídeo, áudio e dados. A livre tradução desses elementos de um para outro meio é, na verdade, para onde caminha o campo da multimídia.

A AUSÊNCIA DO MEIO

No mundo digital, o meio não é a mensagem: é uma das formas que ela assume. Uma mensagem pode apresentar vários formatos derivando automaticamente dos mesmos dados. Como no exemplo da previsão do tempo, o transmissor enviará, no futuro, uma corrente de bits que poderá ser convertida de várias maneiras pelo receptor. Os mesmos bits poderão ser contemplados de diversas perspectivas. Tomemos o exemplo de um evento esportivo.

Os bits de uma partida de futebol podem ser convertidos pela TV-computador para que você assista ao jogo em forma de vídeo, o ouça na voz de um locutor ou o veja em formato de diagramas das jogadas. Em todos esses casos, trata-se do mesmo jogo e do mesmo conjunto de bits. Quando eles são transformados em áudio apenas, o meio acústico forçará você a imaginar a ação (mas permitindo-lhe dirigir um carro ao mesmo tempo). Quando convertidos em vídeo, haverá menos espaço para a imaginação, mas será difícil prestar atenção à tática (por causa do tumulto ou da visão dos jogadores empilhando-se uns sobre os outros). Mas se os bits forem transformados em diagramas, a estratégia de ataque e a defesa logo se revelam. Você provavelmente poderá alternar esses três formatos.

Imagine outro exemplo: um CD-ROM sobre entomologia. Sua estrutura será mais a de um parque de diversões centrado num tema único do que a de um livro. Ele será explorado por pessoas diferentes de maneiras também diferentes. A arquitetura de um mosquito será mais bem representada por linhas de desenho, seu vôo, por uma animação, e seu ruído, é claro, por som. Mas cada um desses formatos não precisa constituir um banco de dados diferente ou uma experiência multimídia elaborada separadamente. Todos podem emanar de uma única representação, ou podem ser traduzidos de um meio para outro.

Pensar em multimídia implica se ter noção do movimento fluido de um meio para outro, dizendo a mesma coisa de maneiras diversas, invocando um ou outro dos sentidos humanos. A máquina lhe diz: se você não entendeu da primeira vez, deixe-me explicar de novo em forma de uma história em quadrinhos ou de um diagrama em três dimensões. Esse tipo de passagem de um meio para outro pode incluir qualquer coisa, desde filmes que se auto-explicam mediante um texto até livros lidos por uma voz suave enquanto você cochila.

Uma conquista recente em termos dessa conversão automática de um meio para outro constitui um trabalho chamado ''fotos salientes'', desenvolvido no Media Lab por Walter Bender e seus alunos. A pergunta que eles se fizeram foi a seguinte: como imprimir em forma de fotografia vários segundos de vídeo de maneira que a definição da imagem da foto seja uma ordem de magnitude maior do que a de qualquer quadro isolado? Um quadro de um vídeo de 8 mm possui uma definição bastante baixa (duzentas linhas) em comparação com um diapositivo de 35 mm (milhares de linhas). A solução foi tirar da esfera temporal a definição da imagem e contemplar diversos quadros para a frente e para trás no tempo.

A pesquisa resultou num processo capaz de produzir impressões de altíssima qualidade (uma foto Kodacolor de 1 m por 1,20 m) a partir de um reles vídeo de 8 mm. Tais fotos possuem resolução de 5 mil linhas. Isso significa que coletâneas retiradas de bilhões de horas de vídeos caseiros em 8 mm armazenados nas caixas de sapatos dos lares americanos poderão ser transformadas num retrato, cartão de natal ou num álbum de fotografias, resolução igual ou superior à de um instantâneo normal de 35 mm. Fotos de furos de reportagem poderão ser impressas diretamente da CNN na primeira página de seu jornal ou na capa da *Time*, sem que se tenha de recorrer àquelas imagens grosseiras que às vezes vemos e que nos dão a impressão de estar vendo o mundo através de um exaustor esfumaçado.

Uma foto saliente é, na realidade, uma imagem que nunca existiu. Ela representa um instantâneo de um quadro de vários segundos. Ao longo desse tempo, a câmera pode ter feito um zoom e dado uma panorâmica, e os objetos em cena podem ter se mexido. Não obstante, a imagem é nítida, sem borrões, e sua definição é perfeita. Em certa medida, o conteúdo da foto reflete as intenções daquele que fez o filme, colocando mais definição nos momentos em que a câmera fez um zoom ou abrindo a cena nas panorâmicas. No método de Bender, os elementos que se movem com rapidez — como, por exemplo, uma pessoa atravessando um palco — cedem lugar àqueles que se encontram temporariamente estáveis.

Esse exemplo de "multimídia" envolve a tradução de uma dimensão (tempo) para outra (espaço). Um exemplo simples é quando a fala (pertencente à esfera acústica) é transcrita para o papel impresso (a esfera do texto), com a pontuação dando alguma indicação da entonação. Ou o texto de uma peça teatral no qual os diálogos sejam acompanhados por muitas instruções relativas à direção, com o intuito de estabelecer o tom desejado. Essas são formas assumidas pela multimídia que, com freqüência, ninguém percebe; também elas, porém, são parte de um negócio bastante amplo.

6
O NEGÓCIO DOS BITS

DOIS BITS: UMA HISTORIAZINHA BARATA

Eu me considero um extremista quando se trata de predizer e desencadear mudanças. Não obstante, no campo das mudanças tecnológicas e da legislação, bem como no dos novos serviços, as coisas estão acontecendo com uma velocidade que nem eu posso crer — parece evidente que não existe limite de velocidade na rodovia eletrônica. É como dirigir a 160 km por hora numa rodovia expressa alemã. Bem no momento em que percebo a que velocidade estou, zzzuuummm, sou ultrapassado por uma Mercedes, e por outra e mais outra. Uau! Devem estar a uns duzentos por hora. Assim é a vida na pista rápida da rodovia expressa da informação.

Embora o ritmo da mudança esteja mais rápido do que nunca, a inovação tem seu passo determinado menos por conquistas tecnológicas como o transistor, o microprocessador ou a fibra ótica e mais por novas aplicações como a computação móvel, as redes globais e a multimídia. Isso se deve em parte aos custos fenomenais associados às fábricas de chips modernos — para os quais precisam ser urgentemente desenvolvidos novos aplicativos, capazes de consumir todo o seu poder de processamento e memória —, e também ao fato de que, em muitas áreas de hardware, estamos nos aproximando de limitações físicas.

A luz leva um bilionésimo de segundo para viajar trinta centímetros, e é improvável que isso venha a mudar. À medida que vamos fabricando chips cada vez menores, sua velocidade pode crescer um pouco. Contudo, para que um grande avanço aconteça na velocidade global de processamento, novas soluções terão de ser encontradas, como, por exemplo, colocar várias máquinas rodando simultaneamente. Hoje, as grandes mudanças nos computadores e nas telecomunicações emanam dos aplicativos, das necessidades humanas básicas, muito mais do que das ciências materiais básicas. Essa constatação não passou despercebida em Wall Street.

Bob Lucky, o conhecido autor, engenheiro e vice-presidente de pesquisa aplicada da Bellcore (o antigo braço de pesquisa exclusivo das sete Bells regionais, as RBOCs), observou recentemente que, para se atualizar acerca dos avanços tecnológicos, deixou de ler publicações acadêmicas; em vez disso, lê o *Wall Street Journal*. Uma das melhores maneiras de visualizarmos o futuro da indústria do "bit" é fixar nosso telescópio na bolsa de valores dos Estados Unidos.

Quando a QVC e a Viacom brigavam pela Paramount, analistas declararam que o vencedor, na realidade, perdera. É certo que o desempenho financeiro da Paramount declinou depois da corte que lhe fizeram, mas ela permanece ainda uma bela aquisição para a Viacom, que agora possui uma variedade maior de bits. Tanto Sumner Redstone quanto Barry Diller sabem que, se sua companhia só faz um tipo de bit, você não está em muito boa forma para enfrentar o futuro. A história da Paramount tinha a ver com bits, e não com egos.

O valor de um bit é determinado em grande parte por sua capacidade de ser utilizado e reutilizado diversas vezes. Nesse aspecto, um bit do Mickey Mouse provavelmente vale muito mais do que um bit de *Forrest Gump*; os bits do Mickey vêm até em pirulitos (átomos de consumo). E, mais interessante ainda: a audiência garantida da Disney é abastecida a uma taxa que ultrapassa os 12 500 nascimentos por hora. Em 1994, o valor de mercado da Disney era superior em 2 bilhões ao da Bell Atlantic,* a despeito das vendas desta última serem 50% maiores e de seus lucros serem duas vezes os da primeira.

(*) RBOC que opera na região da Virginia e Maryland. (N. S.)

TRANSPORTANDO BITS

O transporte de bits é um ramo ainda pior para se estar do que o das companhias de aviação, com suas guerras de tarifas. O negócio das telecomunicações é tão fortemente regulamentado por lei que a NYNEX* é obrigada a colocar cabines telefônicas nas esquinas mais escuras do Brooklyn (onde elas duram 48 horas), ao passo que suas concorrentes, não sujeitas a regulamentação, só colocarão suas cabines na Quinta Avenida, na Park Avenue e nas salas VIP das companhias de aviação.

Pior ainda: todo o modelo econômico da fixação de preços nas telecomunicações está para desmoronar. As tarifas atuais são cobradas por minuto, por milha ou por bit — medidas todas que estão se tornando rapidamente fictícias. O sistema está sendo rompido pela variação extrema do tempo (desde um microssegundo até um dia), das distâncias (de alguns centímetros a 80 mil quilômetros) e do número de bits (de 1 a 20 bilhões). No passado, quando essas diferenças não eram tão extremas, o antigo modelo funcionava bem. Se você usava um modem de 9600 bps, pagava 75% menos pelo tempo de conexão do que com um modem de 2400 bps. Quem se importava?

Agora, porém, a diferença é gigantesca, e nós nos importamos sim. O tempo é um exemplo. Deixando de lado a velocidade de transmissão e o número de bits, posso acreditar que vou pagar o mesmo preço para ver um filme de duas horas ou ter trinta conversas diferentes de quatro minutos cada? Se puder passar um fax a uma taxa de 1,2 milhão de bps, vou realmente pagar 1/125 do que pago hoje? Se posso jogar 16 mil bps de voz num canal ADSL (capaz de passar filmes), vou mesmo pagar cinco centavos por uma conversa de duas horas? Se minha sogra volta do hospital com um marcapasso de monitoração remota que necessita de uma linha aberta com o hospital para a monitoração de meia dúzia de bits arbitrariamente espaçados a cada hora, deve-se cobrar por esses bits o mesmo que se cobra pelos 12 bilhões de bits de *E o vento levou...*? Tente entender um modelo assim!

(*) RBOC que opera em Nova York. (N. S.)

É preciso desenvolver um esquema mais inteligente. Ele poderá não empregar o tempo, a distância ou os bits como variável de medição e base para o preço da tarifa. Talvez a largura de banda devesse ser gratuita, e nós compraríamos filmes, monitoração médica à distância e documentos em função de seu valor, e não do valor do canal. Seria inescrupuloso pensar em comprar brinquedos com base no número de átomos que contêm. Está na hora de compreendermos o que bits e átomos significam.

Se a administração de uma companhia de telecomunicações limitar sua estratégia de longo prazo ao transporte de bits, ela não estará agindo de acordo com o interesse de seus acionistas. A propriedade dos bits, dos direitos sobre eles ou a atribuição de um valor significativo a esses bits é algo que tem de fazer parte da equação. Do contrário, não haverá de onde tirar novas receitas, e as companhias telefônicas ficarão presas a um serviço que logo se transformará numa *commodity* cujo preço cairá cada vez mais, por causa da competição e da ampla largura de banda. Mas há um problema aí.

Quando eu era criança, todo mundo detestava a companhia telefônica (hoje, como adulto, eu colocaria as companhias de seguro no topo da lista). Qualquer criança esperta da década de 1950 conhecia um esquema ou trapaça para burlá-la, o que era considerado quase um esporte. Hoje, as companhias de TV a cabo ocuparam esse lugar de honra, pois muitas delas pioraram a qualidade de seus serviços ao mesmo tempo que aumentavam seus preços. E, pior ainda: elas não são "simples transportadoras", mas controlam o que passa por suas linhas.

A indústria do cabo desfrutou de muitos dos benefícios de um monopólio não regulamentado, o qual, de início, se pretendia que fosse pouco mais do que uma colcha de retalhos de serviços comunitários. À medida que as franquias começaram a se fundir, tornando-se redes nacionais, as pessoas se aperceberam do fato de que essas companhias controlavam não apenas o canal de telecomunicações, mas seu conteúdo também. Ao contrário da companhia telefônica, não eram obrigadas a prover direito de servidão, a não ser em casos muito específicos e para propósitos comunitários.

A regulamentação da indústria do telefone está baseada num princípio simples: todo mundo tem direito de usá-lo. Mas não fica claro o que acontece num sistema de banda larga, se ele se parece mais com as companhias atuais de TV a cabo do que com uma rede telefônica. O Congresso anda nervoso com a rapidez com que os que controlam o canal (as operadoras de TV a cabo e de telefone) se unirão aos que controlam o conteúdo (as programadoras), assim que tiverem a chance. E, ademais, se você controla o conteúdo e o canal, você será capaz de manter sua neutralidade?

Para dizê-lo de outra forma: se a AT&T fundir-se à Disney, será que a nova companhia tornará o acesso das crianças ao Mickey Mouse mais barato do que ao Pernalonga?

BITS MAIS VERDES

No outono de 1993, quando a Bell Atlantic concordou em comprar a gigante da TV a cabo Tele-Communications Inc.* por 21,4 bilhões de dólares, os sábios da superestrada da informação viram aí um sinal de que a era digital havia de fato começado. A fita havia sido cortada.

A fusão, entretanto, atentava contra a lógica regulatória e o bom senso. A telefonia e a TV a cabo haviam se posicionado como arqui-rivais; a legislação proibia em grande medida a co-propriedade e acreditava-se que laços e estrelas misturavam-se como o óleo e o vinagre. Bastava o volume de investimento para deixar a todos de queixo caído.

Quatro meses mais tarde, quando as negociações entre a Bell Atlantic e a TCI fracassaram, o refluxo foi forte demais, e um novo jargão apareceu, falando sobre "atropelamentos" e "atrasos na construção" da superestrada da informação. De repente, a era digital havia sido adiada mais uma vez. As ações da TCI caíram mais de 30%, e algumas companhias associadas também levaram um tombo. O champanhe teve de voltar para dentro da garrafa.

(*) A TCI é a maior operadora de TV a cabo do mundo. (N. S.)

Do meu ponto de vista, porém, essa não foi uma baixa importante. Na verdade, o acordo entre a Bell Atlantic e a TCI era uma das fusões menos interessantes. Era como se duas lojas de material hidráulico, cada uma comercializando um tamanho diferente de cano, houvessem decidido combinar seus estoques. Não tinha nada a ver com a combinação profunda entre canal e conteúdo, a mistura de confecção e distribuição dos bits. Mais interessantes são as associações da Disney e de Michael Ovitz, o rei de Hollywood, cada um aliando-se a três companhias telefônicas em 1994.

As companhias de produtos eletrônicos de consumo tentaram fazer isso com as de entretenimento. Em princípio, a idéia é muito poderosa, mas apresentou até agora pouca sinergia, devido a todo tipo de diferenças culturais. Quando a Sony comprou a CBS Records e, depois, a Columbia Pictures, os americanos reclamaram. Como a venda do Rockefeller Center, tais compras levantaram a questão do controle estrangeiro simbólico ou real de um bem cultural nacional. Um tempo depois, quando a Matsushita comprou a MCA, as pessoas ficaram ainda mais alarmadas, pois Lew Wasserman, o presidente da MCA, era considerado por muitos o mais americano dos executivos. Lembro-me de ter visitado o quartel-general da MCA após a primeira crise do petróleo e de ter visto adesivos nos botões do elevador (uma mensagem de Lew) dizendo: "Suba um e desça dois, para o bem da sua saúde e do seu país". Essas aquisições trazem à tona profundas diferenças culturais, não apenas entre o pensamento japonês e o americano, mas também entre a engenharia e as artes. Até agora, não funcionaram, mas suspeito que irão funcionar.

CONVERGÊNCIA CULTURAL

Existe uma polaridade (por mais artificial que seja) entre a tecnologia e as humanidades, a ciência e a arte, os lados direito e esquerdo do cérebro. É provável que o campo ainda germinante da multimídia venha a se tornar uma daquelas disciplinas que, como a arquitetura, estabelecem uma ponte entre ambos os pólos.

A televisão foi inventada por um estrito imperativo tecnológico. Quando, em 1929, pioneiros como Philo Farnsworth e Vladimir Zworykin contemplaram imagens eletrônicas do tamanho de selos postais, perceberam que se tratava de uma tecnologia tão magnífica que se sentiram forçados a aperfeiçoá-la. Embora, em seus primórdios, Zworykin tivesse algumas idéias ingênuas acerca do uso da televisão, mais tarde ele acabou ficando muito decepcionado.

O ex-presidente do MIT, Jerome Wiesner, conta uma história sobre ele. Num sábado, Zworykin foi visitá-lo na Casa Branca, quando Wiesner era consultor científico (e amigo íntimo) de Kennedy. Wiesner perguntou-lhe se ele já fora algum dia apresentado ao presidente. Como Zworykin não o conhecesse pessoalmente, Wiesner o conduziu através do salão até o presidente. Apresentou, então, o visitante a Kennedy como "o homem que te elegeu". Espantado, Kennedy perguntou: "Como assim?". E Wiesner explicou: "Este é o homem que inventou a televisão". O presidente respondeu falando da importância do que Zworykin havia feito, e este comentou secamente: "O senhor tem visto televisão ultimamente?".

Imperativos tecnológicos — e somente estes — conduziram ao desenvolvimento da televisão. Depois é que ela foi entregue a um conjunto de talentos criativos, munidos de valores diferentes e provenientes de outra subcultura intelectual.

A fotografia, por outro lado, foi inventada por fotógrafos. Aqueles que aperfeiçoaram a tecnologia o fizeram com propósitos artísticos, refinando suas técnicas para atender à necessidade de sua arte, da mesma forma como os romances, os ensaios e os gibis foram inventados pelos autores para abrigar suas idéias.

Os computadores pessoais afastaram a ciência da computação do mero imperativo tecnológico e desenvolvem-se agora mais à maneira da fotografia. A computação não é mais domínio exclusivo dos militares, do governo e dos negócios, mas está sendo canalizada diretamente para as mãos de indivíduos bastante criativos em todos os níveis da sociedade, tornando-se um meio de expressão artística tanto no seu emprego quanto no seu desenvolvimento. Os meios e mensagens da multimídia irão se tornar uma mescla de conquistas técnicas e artísticas. E os produtos para o consumidor serão a força motriz.

O ramo dos jogos eletrônicos (15 bilhões de dólares no mundo todo) é um exemplo. Esses jogos representam um negócio maior do que a indústria cinematográfica americana e que está crescendo muito mais rápido que ela. As empresas que os fabricam estão desenvolvendo de tal modo a tecnologia dos monitores que a realidade virtual vai se tornar "realidade" a um preço bastante baixo, ao passo que a NASA só foi capaz de utilizá-la a um custo de mais de 200 mil dólares e com pouco êxito. Em 15 de novembro de 1994, a Nintendo anunciou um jogo de realidade virtual chamado "Virtual Boy" por 199 dólares.

Considere o processador mais rápido que a Intel fabrica hoje, rodando a 100 milhões de instruções por segundo (MIPS). Compare-o com o da Sony, que acaba de lançar no mercado de jogos uma "Playstation" com mil MIPS. O que está acontecendo? A resposta é simples: nossa sede por novos tipos de entretenimento é aparentemente insaciável, e o novo produto — em três dimensões e em tempo real — que a indústria dos jogos está bancando necessita desse tipo de processador e desses novos monitores. A aplicação é o imperativo.

EMPURRAR × PUXAR

Muitas das grandes companhias de comunicações como a Viacom, a News Corporation e a editora que publicou este livro, têm na distribuição o maior acréscimo de valor ao seu conteúdo de informação e entretenimento. Como disse antes, a distribuição de átomos é muito mais complexa que a de bits e requer a força de uma empresa gigantesca. Transportar bits, ao contrário, é bem mais simples e, em princípio, capaz de prescindir desses gigantes. Ou quase.

Foi por intermédio do *New York Times* que vim a conhecer e apreciar as matérias do jornalista John Markoff, especializado em informática e comunicações. Sem o auxílio daquele jornal, eu jamais teria conhecido seu trabalho. Contudo, agora que o conheço, seria muito mais fácil para mim dispor de um método automático de coletar qualquer matéria nova que ele escreva e lançá-la no meu jornal personalizado ou arquivo de leituras sugeridas. Eu provavelmente me disporia a pagar a Markoff o proverbial "um níquel" por cada uma de suas matérias.

Se dois centésimos da população da Internet em 1995 aderissem a essa idéia e se John escrevesse cem matérias por ano (ele, de fato, escreve entre 120 e 140 matérias por ano), ele ganharia anualmente 1 milhão de dólares, o que, disponho-me a arriscar o palpite, é mais do que lhe paga o *New York Times*. Se você acha que dois centésimos é uma proporção muito alta, espere só para ver. Esses números de fato funcionam. Uma vez que alguém conseguiu se estabelecer, o valor agregado de um distribuidor torna-se cada vez menor no mundo digital.

A distribuição e o transporte dos bits precisam incluir ainda processos de triagem e seleção. As companhias de comunicações são, entre outras coisas, descobridoras de talentos, e seu canal de distribuição oferece um modo de testar a opinião pública. A partir de certo ponto, porém, o autor pode não precisar mais desse fórum. Na era digital, Michael Crichton poderia com certeza ganhar muito mais dinheiro vendendo seus próximos livros de forma direta. Minhas desculpas à Knopf.

A digitalização modificará a natureza dos meios de comunicação, fazendo do processo de empurrar bits para as pessoas algo que permitirá a elas (ou a seus computadores) puxá-los. Isso significa uma mudança radical, pois todo o nosso conceito dos meios de comunicação traduz-se em camadas sucessivas de triagem, as quais reduzem a informação e o entretenimento a uma coletânea de "matérias sensacionais" ou "best sellers" dedicados a diferentes "públicos". Voltando-se mais e mais para públicos específicos, como fazem as revistas, os meios de comunicação seguem empurrando bits para determinados grupos de interesse, seja o dos fanáticos por carros, o dos esquiadores alpinos ou o dos apreciadores de vinhos. Recentemente, deparei com a idéia de uma revista para os que sofrem de insônia, que, muito inteligentemente, colocaria seus comerciais de televisão tarde da noite, quando é mais barato anunciar.

A indústria da informação vai se tornar algo mais parecido com uma banca tendo por feira a superestrada global da informação. Os clientes serão pessoas e seus computadores os agentes. A feira digital é real? É, mas apenas se a interface de comunicação das pessoas com seus computadores desenvolver-se de tal modo que falar com o computador seja tão fácil quanto falar com outro ser humano.

INTERFACE

7

ONDE AS PESSOAS E OS BITS SE ENCONTRAM

REAÇÃO FATAL

Há vários anos, passo no mínimo três horas por dia diante de um computador, e ainda acho isso muito frustrante às vezes. Entender computadores é tão fácil quanto entender um extrato bancário. Por que os computadores (e os extratos bancários) têm de ser tão desnecessariamente complicados? Por que é tão difícil "ser digital"?

Computadores não têm de ser complicados, e "ser digital" não precisa ser tão difícil. A evolução da informática vem ocorrendo num ritmo tão acelerado que apenas recentemente passamos a dispor de um poder de processamento a um preço baixo o bastante para podermos gastá-lo livremente no aperfeiçoamento da facilidade de interação entre você e seu computador. Dedicar tempo e dinheiro à interface com o usuário era considerado um frívolo desperdício, pois, sendo os ciclos do computador tão preciosos, eles tinham de ser empregados no problema, e não na pessoa.

Os cientistas forneciam várias justificativas para as interfaces estóicas. No princípio da década de 1970, por exemplo, publicou-se um punhado de artigos "acadêmicos" explicando por que razão os monitores monocromáticos eram "melhores" do que os coloridos. A cor não é ruim. A comunidade de pesquisa queria apenas justificar sua incapacidade de produzir uma boa interface a um preço razoável, ou, para ser um pouco mais cínico, à custa de alguma imaginação.

Aqueles dentre nós que trabalhavam no desenvolvimento da interface homem-computador ao final da década de 1960 e ao longo da de 1970 eram considerados os maricas da computação e vistos com franco desprezo. Nosso trabalho não era o que deveria ser feito, ainda que o campo estivesse conquistando aceitação. Para lembrar-se da importância da percepção sensorial, do gesto e da resposta ao gesto, pense na última vez que você apertou um botão de elevador e a luz não acendeu (provavelmente porque estava queimada). A frustração é enorme: será que ele me ouviu? O desenho e a função da interface são muito importantes.

Em 1972, havia apenas 150 mil computadores no mundo, ao passo que, dentro de cinco anos, somente a Intel, fabricante de circuitos integrados, espera estar produzindo 100 milhões de chips por ano (e acho que estão sendo demasiado modestos). Trinta anos atrás, usar um computador, assim como dirigir um módulo lunar, era coisa para uns poucos versados na parafernália necessária para pilotar essas máquinas, às vezes com o auxílio de linguagens primitivas ou linguagem nenhuma (apenas interruptores e luzes piscando). Na minha opinião, havia um esforço subconsciente de manutenção do mistério, como o monopólio dos monges ou algum bizarro rito religioso da Idade das Trevas.

Estamos pagando por isso até hoje.

Quando as pessoas falam da aparência dos computadores ou da impressão que eles causam, elas estão se referindo à interface gráfica do usuário, aquilo que os "profissionais" chamam de GUI (*Graphical User Interface*). A GUI desenvolveu-se muito desde que surgiu por volta de 1971 com um trabalho na Xerox, prosseguindo pouco depois no MIT e em alguns outros lugares e culminando uma década mais tarde num produto de verdade, quando Steve Jobs teve a sabedoria e a perseverança necessárias para criar o Macintosh. O Mac foi um grande passo adiante rumo à feira digital, e, comparado a ele, quase nada aconteceu desde então. As outras companhias todas precisaram de mais de cinco anos para copiar a Apple e, em alguns casos, com resultados até hoje inferiores.

A história dos esforços para tornar as máquinas mais manejáveis é quase toda dominada pela busca do aperfeiçoamento do contato sensorial e do desenvolvimento de desenhos fisicamente mais práticos. A interface foi amplamente tratada como um problema tradicional de desenho industrial. Os designers de bules de chá ou ancinhos decerto pensam no cabo em termos de forma, transferência de calor e prevenção de bolhas.

O desenho de cabines de pilotagem é um desafio assustador, não apenas por causa da grande quantidade de interruptores, botões, mostradores e medidores, mas também porque duas ou três informações sensoriais semelhantes podem interferir umas nas outras. Em 1972, um L1011 da Eastern Airlines se arrebentou porque o trem de pouso não havia sido baixado inteiramente. A voz do controlador de tráfego e o bip do computador de bordo impediram que a tripulação ouvisse a mensagem de advertência. Eis aí um desenho de interface mortal.

Eu tive em casa um videocassete muito inteligente, com reconhecimento de voz e um conhecimento de mim quase perfeitos. Eu podia pedir a ele que gravasse programas dizendo-lhe seus nomes e, em alguns casos, até supor que ele o faria automaticamente, sem que eu precisasse pedir. Então, de repente, meu filho foi para a faculdade.

Faz mais de seis anos que não gravo um programa de televisão. Não porque não seja capaz. Mas porque a recompensa é muito pequena para o esforço. É desnecessariamente difícil fazê-lo. E, mais grave que isso, o manuseio dos videocassetes e controles remotos em geral tem sido tratado como uma questão de apertar botões. De modo similar, a interface dos computadores pessoais tem sido tratada como um problema de desenho físico. Contudo, ela não diz respeito apenas à aparência e ao manuseio do computador. Trata-se, na verdade, da criação de uma personalidade, do design da inteligência e da construção de máquinas capazes de reconhecer a expressão humana.

Um cachorro é capaz de reconhecê-lo pelo seu jeito de andar a uma distância de mais de cem metros, ao passo que um computador nem sequer sabe que você está diante dele. Quase todo bicho de estimação sabe quando você está bravo, mas um computador não faz a menor idéia. Até um filhotinho de cachorro sabe quando fez algo errado: os computadores não.

O desafio para a próxima década não é apenas oferecer às pessoas telas maiores, melhor qualidade de som e um painel gráfico de comando mais fácil de usar. É fazer computadores que conheçam o usuário, aprendam quais são suas necessidades e entendam linguagens verbais e não verbais. Um computador deveria saber distinguir "Kissinger" de "kissing her", não por ser capaz de identificar a pequena diferença acústica, mas por compreender o sentido. Isso seria uma interface bem projetada.

O fardo da interação hoje em dia recai todo nos ombros do homem. Algo banal como imprimir um arquivo pode tornar-se um exercício estafante, mais parecido com vodu do que com um comportamento humano respeitável. O resultado disso é que muitos adultos se desinteressam, declarando-se irremediavelmente iletrados em matéria de computador.

Isso vai mudar.

ODISSÉIAS

Em 1968, Arthur C. Clarke dividiu com Stanley Kubrick uma indicação para o Oscar pelo filme *2001: Uma odisséia no espaço*. Estranhamente, o filme foi lançado antes do livro. Clarke pôde, assim, revisar o original, depois de assistir ao copião (baseado numa versão anterior da história). Num sentido literal, ele pôde simular o desenvolvimento de sua história e refinar os próprios conceitos. Foi-lhe possível ver e ouvir suas idéias antes de colocá-las em definitivo num livro impresso.

Talvez isso explique por que motivo HAL, o computador que estrela o filme, tenha constituído uma visão tão brilhante (ainda que letal) de uma futura interface homem-computador. HAL (cujo nome não se deveu às letras que precedem as de IBM) tinha um perfeito domínio da fala (tanto no sentido da compreensão quanto no da elocução), excelente visão e humor, este último o teste supremo de inteligência.

Vinte e cinco anos se passaram até que surgisse outro exemplo de excelência em matéria de interface: *The knowledge navigator*. Esse vídeo, um protótipo transformado também em produção teatral, foi encomendado pelo então executivo-chefe da Apple, John Sculley, cujo livro, aliás, intitula-se *Odyssey*. O livro de Sculley terminava com algumas idéias para um "navegador do conhecimento", a serem transformadas posteriormente em vídeo. Ele queria ilustrar uma interface do futuro, para além de mouses e menus. Fez um excelente trabalho.

The knowledge navigator mostra um dispositivo semelhante a um livro fino, aberto sobre a mesa de um professor de hábitos informais. Num canto de sua tela encontra-se uma pessoa vestindo gravata-borboleta: a persona da máquina. O professor pede a esse agente que o ajude a preparar uma palestra, passa-lhe um punhado de tarefas e, uma ou duas vezes, é lembrado de outros assuntos. O agente pode ver, ouvir e é capaz de responder de forma inteligente, como qualquer assistente humano.

O que HAL e o *Knowledge navigator* têm em comum é o fato de exibirem uma tal inteligência que a própria interface física quase desaparece. É nisso que reside o segredo do projeto de uma interface: fazê-la desaparecer. Quando somos apresentados a alguém, podemos prestar grande atenção em sua aparência, em suas palavras e em seus gestos. Logo, porém, o conteúdo da comunicação passa a predominar, ainda que ele seja em grande medida expresso pelo tom de voz ou com o auxílio da linguagem das expressões faciais. Uma boa interface de computador deveria comportar-se de modo semelhante. Trata-se menos de desenhar um painel de instrumentos do que de desenhar um ser humano.

Não obstante, a maior parte dos projetistas de interfaces teima em procurar tornar máquinas idiotas mais fáceis de usar por gente inteligente. Orientam-se por um campo que os americanos chamam de "fatores humanos" e os europeus de "ergonomia", e que trata da maneira pela qual o corpo humano utiliza seus sensores e responde a estímulos provenientes de ferramentas situadas em seu entorno imediato.

O telefone é provavelmente o aparelho mais redesenhado e reprojetado da face da Terra e, no entanto, permanece insatisfatório. Os telefones celulares têm uma interface que consegue ser ainda pior que a dos videocassetes. Um Bang & Olufsen é uma escultura, não um aparelho telefônico — não é mais fácil, mas mais difícil de usar do que aqueles antigos telefones pretos.

E, o que é pior: encheram os telefones de "características especiais". Armazenamento de números, rediscagem, gerenciamento do cartão de crédito, espera de chamada, transferência de chamada, resposta automática, mostrador de números etc. etc. — tudo isso é constantemente espremido na superfície de um aparelho de pequena espessura que cabe na palma de sua mão, tornando-lhe a utilização praticamente impossível.

Eu não apenas não quero nenhuma dessas características, como não quero sobretudo ter de discar um número de telefone. Por que os projetistas de telefones não entendem que ninguém quer ter o trabalho de discar? Queremos apenas falar com as pessoas pelo telefone!

Sempre que podemos, passamos adiante essa tarefa, o que me sugere que a solução para o problema do telefone pode não estar em seu desenho, mas no desenvolvimento de um robô-secretário que caiba no bolso.

PARA ALÉM DO ESBOÇO

O desenho de interfaces para computadores começou em março de 1960, quando J. C. R. Licklider publicou seu artigo "A simbiose homem-computador". Lick (como era chamado) era um psicólogo experimental e um especialista em acústica que se converteu à informática e tornou-se um messias no assunto, comandando os esforços iniciais da ARPA. Em meados da década de 1970 pediram-lhe que redigisse um apêndice ao relatório da Comissão Carnegie sobre o futuro da televisão. Foi nesse apêndice que Lick cunhou o termo *narrowcasting* [transmissão de programas para grupos com interesses específicos]. O que Lick não sabia à época era que ambas essas suas contribuições — a simbiose homem-computador e a programação especializada — estavam fadadas a convergir na década de 1990.

Bem cedo, no início da década de 1960, a pesquisa da interface homem-computador dividiu-se em duas correntes que não voltariam a se unir ao longo de vinte anos. Uma delas dedicou-se à interatividade; a outra dirigiu seu foco para a riqueza sensorial.

O problema da interatividade foi enfrentado com a solução para o problema do compartilhamento de um computador, à época um recurso caro e monolítico. Na década de 1950, e no princípio da de 1960, um computador era algo tão valioso que se faziam todos os esforços para mantê-lo funcionando sem parar. Conectar-lhe um teclado e, por exemplo, fazê-lo formular uma pergunta e ficar esperando à toa enquanto um ser humano a lia, refletia a respeito e dava a resposta era algo impensável. A invenção que resolveu o problema, à qual se deu o nome de "*time-sharing*" [tempo compartilhado], era um método pelo qual vários usuários podiam dividir uma mesma e única máquina a partir de locais remotos. Se, digamos, dez pessoas dividiam um computador, o que ocorria não era apenas que cada uma podia ter um décimo da máquina: isso significava que, enquanto uma refletia, a outra podia estar usando o computador a plena carga.

Esse compartilhamento do bolo digital funcionava sob uma condição: a de que nenhum dos usuários fosse um egoísta, necessitando de uma grande quantidade de processamento ou largura de banda. Os primeiros terminais rodavam a 110 baud. Lembro-me muito bem de quando a taxa foi aumentada para 300: parecia tão rápido.

O problema da riqueza sensorial, por outro lado, foi atacado mediante uma interação gráfica de vasta largura de banda. No início, a computação gráfica demandava dedicação total da máquina na produção da imagem. O computador não era, em princípio, muito diferente dos atuais micros, mas ocupava uma sala enorme e custava milhões de dólares. A computação gráfica nasceu como um meio para desenhar linhas que demandava grande poder de processamento, pois controlava diretamente o feixe do tubo de raios catódicos.

Somente dez anos depois é que a computação gráfica passou das linhas às formas e imagens. Os novos monitores, chamados monitores de varredura por rastreamento [*raster scan*], necessitavam de muita memória para armazenar a figura ponto por ponto. Eles são tão comuns hoje que a maioria das pessoas não sabe que, no princípio, eram considerados heréticos. (Em 1970, quase ninguém acreditava que memória de computador seria um dia barata a ponto de se poder empregar uma grande quantidade dela em gráficos.)

O *time-sharing* e a computação gráfica encontraram-se poucas vezes ao longo das duas décadas seguintes. Sistemas *time-sharing* com qualidade gráfica precária surgiram como a ferramenta aceita para os negócios e a vida acadêmica, dando à luz os serviços eletrônicos dos bancos e os sistemas de reserva de passagens aéreas, que hoje consideramos normais. Comercialmente, o *time-sharing* caminhou de mãos dadas com projetos de interfaces bastante medíocres, em geral semelhantes a um texto datilografado, exigindo quase que de propósito um sistema vagaroso o bastante para contentar todos os usuários isolados.

A computação gráfica, por sua vez, desenvolveu-se em grande medida com o advento do processamento *stand-alone* [autônomo]. Por volta de 1968, começaram a aparecer os chamados "minicomputadores", na faixa dos 20 mil dólares, sobretudo porque a automatização de fábricas e máquinas necessitava de controles precisos e em tempo real. Essa necessidade era a mesma da computação gráfica. Associados a monitores, esses sistemas *stand-alone* de computação gráfica foram os precursores daquilo que hoje conhecemos por estações de trabalho [*workstations*], que nada mais são do que computadores pessoais de calças compridas.

A INTERFACE MULTIMODO

A redundância é em geral considerada um mau sintoma, implicando verborragia desnecessária ou repetição descuidada. Nos primórdios do projeto de interfaces humanas, as pessoas estudavam técnicas de interação e tentavam selecionar cuidadosamente uma ferramenta ou outra, para este ou aquele conjunto de circunstâncias. Uma caneta ótica era melhor do que uma mesa digitalizadora? Essa mentalidade "ou uma ou outra" era determinada pela falsa crença de que havia uma solução "melhor" e universal para uma dada situação qualquer; ela é falsa porque as pessoas são diferentes, as situações mudam e as circunstâncias de uma interação específica podem muito bem variar de acordo com o canal disponível. Não há solução "melhor" no desenho de interfaces.

Lembro-me de, em meados da década de 1970, ter visitado um almirante que dispunha de um dos sistemas mais avançados de controle e comando. Ele berrava suas ordens a um marinheiro que, então, zelosamente digitava os comandos apropriados. Nesse sentido, o sistema tinha, pois, uma interface fantástica: dispunha de reconhecimento de voz e paciência também. O almirante podia ficar andando em círculos pela sala, falando e gesticulando. Podia ser grande!

Não obstante, o almirante não estava preparado para planejar um ataque valendo-se de uma interface tão indireta. Ele sabia que o marinheiro estava contemplando a situação pelo buraco da fechadura: a pequena tela do computador. Por isso, preferia interagir diretamente com um grande mapa na parede, o "teatro", no qual espetava naviozinhos azuis e vermelhos de formato apropriado. (À época, fazíamos freqüentes piadas sobre os russos estarem usando as mesmas cores.)

O almirante sentia-se bem utilizando o mapa, não por se tratar de um recurso antiquado e de altíssima resolução, mas porque o fazia de corpo inteiro. Enquanto movia os navios, seus gestos e ações motoras reforçavam-lhe a memória. Estava profundamente envolvido com esse seu monitor, envolvido até os músculos do pescoço. Não era uma interface do tipo ou/ou, mas do tipo "tanto um como o outro".

Esse "tanto um como o outro" conduziu a uma nova maneira de pensar, a qual, para dizê-lo de forma simples, afirmava que a redundância é algo bom. Na verdade, a melhor interface seria aquela que dispusesse de canais diversos e concorrentes de comunicação, mediante os quais o usuário pudesse expressar sua intenção a partir de uma série de aparatos sensoriais diferentes (os dele e os da máquina). Ou, igualmente importante: um canal de comunicação forneceria a informação faltante no outro.

Por exemplo, se estamos numa sala com um punhado de pessoas e eu pergunto "como é que você se chama?", a pergunta não faz sentido algum, a não ser que você possa ver para quem estou olhando ao formulá-la. Isto é, o pronome "você" extrai seu sentido da direção do meu olhar.

Isso foi maravilhosamente ilustrado num programa chamado Put-That-There [Coloque-Isto-Ali], desenvolvido no MIT por Dick Bolt e Chris Schmandt. A primeira encarnação do programa, em 1980, permitia ao usuário falar e gesticular para uma tela do tamanho de uma parede, possibilitando-lhe ainda mover objetos simples (depois navios) ao redor de uma tela vazia (depois, o Caribe). Numa demonstração filmada do Put-That-There, o programa errou ao interpretar um comando. A reação espontânea de Schmandt — "Merda!" — ficou gravada no filme, lembrando aos futuros espectadores todo o trabalho ainda por fazer.

A idéia é simples: o falar, o apontar e o olhar devem trabalhar juntos, como parte de uma interface multimodo que tem menos a ver com envio e recebimento de mensagens (a base do tempo compartilhado) e mais com o diálogo cara a cara, de ser humano para ser humano.

À época, a impressão que causaram essa e outras tentativas de se encontrar uma alternativa "tanto um como o outro" para o desenho de interfaces foi de uma ciência relapsa. Não tenho grande deferência por testes e avaliações quando se trata de pesquisa de interface. Meu argumento, talvez arrogante, é que se você precisa testar alguma coisa com cuidado para ver que diferença ela faz, então, para começo de conversa, ela não faz tanta diferença assim.

A DIFERENÇA SENSÍVEL

Quando eu era garoto, minha mãe tinha um armário para guardar roupas de cama no fundo do qual havia uma "parede secreta". O segredo não era grande coisa: uma série de marcas a lápis, feitas periódica e cuidadosamente para assinalar minha altura. Zelosos, datávamos todas as linhas; algumas bem juntas, por causa da freqüência das medições; outras mais afastadas, em razão, por exemplo, das viagens nas férias de verão. Usar dois armários não parecia fazer sentido.

Essa escala era um assunto particular, e suponho que, de alguma forma, refletia minha ingestão de leite, espinafre e outras coisas boas.

O crescimento, porém, tem uma face mais dramática. Um tio visto raramente poderia comentar: "Como você cresceu, Nicky! (suponhamos que não me visse há dois anos). Eu, porém, não podia compreender de fato a mudança. Tudo o que via eram as pequenas linhas no armário de roupas.

O JND — ou "*just-noticeable difference*" [diferença quase imperceptível] — é uma unidade de medida da psicofísica. Somente o seu nome foi o bastante para influenciar o desenho das interfaces humanas. Temos de nos perguntar: se se trata de uma diferença quase imperceptível, por que se importar? Se precisamos medir com cuidado para ver alguma diferença, então talvez não estejamos trabalhando o suficiente naquilo que de fato importa.

Estudos acadêmicos, por exemplo, sugerem que, no caso da maioria dos aplicativos, a fala e a linguagem natural não constituem canais apropriados de comunicação entre as pessoas e os computadores. Tais relatórios técnicos estão repletos de tabelas, grupos de controle e que tais, provando que a linguagem natural é confusa quando se trata da comunicação homem-computador.

Embora eu certamente não espere que um piloto de 747 só precise cantarolar "*Up, up and away*" ["Para cima, para cima e a caminho"] para taxiar e decolar, não vejo razão para não utilizar a riqueza da fala e do gesto mesmo numa cabine de avião. Onde quer que esteja o computador, a interface com desenho mais eficaz resulta da combinação das forças da riqueza sensorial e da inteligência da máquina.

Quando isso acontecer, notaremos uma sensível diferença. Veremos o que meu tio viu, em vez das linhas no armário.

Meu sonho em termos de interface é que os computadores se pareçam mais com seres humanos. Tal idéia é vulnerável à crítica, pois pode-se acusá-la de demasiado romântica, vaga ou irrealizável. Se, contudo, tivesse de criticá-la, eu o faria por ser modesta demais. É possível que existam canais exóticos de comunicação, de cuja existência nem sequer tenhamos consciência hoje. (Na condição de alguém casado com uma mulher que tem uma irmã gêmea idêntica, e contando eu próprio com gêmeos idênticos entre meus irmãos mais jovens, estou mais do que pronto a admitir, por minha própria observação, que comunicação extra-sensorial não é algo completamente fora de questão.)

Em meados da década de 1960, defini como meu objetivo tentar emular a comunicação cara a cara, com sua linguagem gestual, as expressões faciais e o envolvimento motor de nosso corpo e nossos membros. Tomei o almirante como modelo.

Num projeto que foi um marco, o do Spatial Data Management System [Sistema Espacial de Gerenciamento de Dados] (por volta de 1976), o objetivo era produzir uma interface humana capaz de "levar computadores diretamente a generais, presidentes de companhias e crianças de seis anos de idade". O sistema foi projetado para que se pudesse aprender a operá-lo em trinta segundos. A semelhança com uma escrivaninha e com as estantes de livros foi a ferramenta utilizada tanto para passear por áudios, vídeos e dados complexos como para manipulá-los.

Foi algo radical para o final da década de 1970, mas, ainda assim, tratava-se de um projeto que desconsiderava a conseqüência mais significativa de se pretender modelar nossa comunicação à maneira do diálogo entre o almirante e o marinheiro. As futuras interfaces homem-computador serão baseadas na delegação de tarefas, e não no vernáculo da manipulação direta — menus que descem, pipocam, cliques — e do comando por mouse. A "facilidade de uso" tem constituído uma meta tão obrigatória que, às vezes, nos esquecemos de que muitas pessoas simplesmente não querem usar a máquina: querem que ela desempenhe uma tarefa.

Aquilo que hoje chamamos de "interfaces baseadas em agentes" é o que vai emergir como a maneira predominante de computadores e pessoas comunicarem-se uns com os outros. Haverá pontos específicos no espaço e no tempo nos quais os bits serão convertidos em átomos e vice-versa. Quer se trate da transmissão de um cristal líquido ou da reverberação de um sintetizador de voz, a interface vai precisar ter um tamanho, uma forma, uma cor, um tom de voz e todo o restante da parafernália sensorial.

8
PERSONA GRÁFICA

O BIG BANG DOS GRÁFICOS

Sketchpad [bloco de desenho], a tese de doutorado de Ivan Sutherland no MIT em 1963, desencadeou no mundo a idéia da computação gráfica interativa. O programa era um sistema para desenho de linhas em tempo real que permitia ao usuário interagir com a tela do computador por intermédio de uma "caneta ótica". O feito foi de tal magnitude e extensão que alguns de nós levaram uma década para compreender e avaliar todas as suas contribuições. O Sketchpad introduziu muitos conceitos novos: gráficos dinâmicos, simulação visual, resolução restrita, rastreamento de caneta e um sistema praticamente infinito de coordenadas, para citar apenas alguns. O bloco de desenho foi o Big Bang da computação gráfica.

Ao longo dos dez anos seguintes, muitos pesquisadores aparentemente perderam o interesse pelo tempo real e a interatividade na computação gráfica. Em vez disso, a maior parte da energia criativa foi canalizada para sintetizar imagens realistas, com processamento independente e não em tempo real. O próprio Sutherland desviou-se um pouco de sua rota devido ao problema da verossimilhança visual, isto é, de como produzir uma imagem de computador tão realista e detalhada quanto uma foto. Tal pesquisa teve como enfoque principal problemas como a sombra, o sombreamento, o reflexo, a refração e as superfícies ocultas. Imagens belíssimas de peças de xadrez e bules de chá tornaram-se os ícones do período pós-Sketchpad.

Durante esse tempo, passei a acreditar que o conforto e a facilidade na expressão de suas idéias gráficas eram mais importantes para as pessoas do que a capacidade da máquina de reproduzi-las como fotografias sintéticas. Em vez das apresentações mais completas e consistentes de reproduções complexas e acabadas, uma boa interface homem-máquina tinha antes de possibilitar a compreensão pelo computador de pensamentos incompletos e ambíguos, típicos da etapa inicial de qualquer processo de desenho. O acompanhamento em tempo real pelo computador de um esboço desenhado à mão forneceu-me um excelente campo para a pesquisa visando ao entendimento e ao desenvolvimento da computação gráfica como um veículo de expressão mais dinâmico e interativo.

O conceito central do meu trabalho era o entendimento da "intenção" gráfica de uma pessoa. Se um usuário desenha lentamente uma curva suave, dotada de um propósito definido aparente, o computador presume que sua intenção é desenhar uma curva, ao passo que aquela mesma linha, se desenhada depressa, pode muito bem ter por intenção uma reta. Se ambas essas curvas suaves são vistas depois de acabadas, e não enquanto estão sendo desenhadas, elas podem parecer idênticas. Contudo, o comportamento do usuário ao desenhar indica duas intenções completamente diferentes. Ademais, o comportamento no ato de desenhar varia de pessoa para pessoa, pois cada um desenha à sua maneira. O computador, portanto, tinha de aprender o estilo de desenhar de cada usuário. Esse mesmo conceito reaparece trinta anos mais tarde, na capacidade (contestada por alguns) do Newton da Apple de reconhecer caligrafia, adaptando-se à letra do usuário (aqueles que lhe concederam um pouco mais de tempo parecem mais satisfeitos).

O reconhecimento de formas e objetos desenhados conduziu meu pensamento acerca da computação gráfica para longe das linhas, rumo aos pontos. Num desenho, o mais importante para a compreensão do que se pretendeu representar com ele é o que está entre as linhas ou é delimitado por elas.

No centro de pesquisas da Xerox, nesse mesmo período, os pesquisadores haviam desenvolvido também uma abordagem da computação gráfica voltada para as formas, na qual áreas amorfas recebiam tratamento e textura mediante o armazenamento e exibição de imagens como enormes coleções de pontos. À época, uns poucos de nós concluíram que o futuro da computação gráfica não estava nos programas para o desenho de linhas como o Sketchpad, mas em sistemas de varredura por rastreamento semelhantes aos da televisão, os quais mapeassem imagens (armazenadas na memória do computador) e as enviassem para um monitor, em vez de dirigir o feixe de um tubo de raios catódicos em termos de X e Y, formando um diagrama de linhas. O elemento primário da computação gráfica, antes a linha, passou a ser o pixel.

O PODER DO PIXEL

Assim como o bit é o elemento atômico da informação, o pixel é o nível molecular dos gráficos. (Não digo nível atômico porque um pixel é em geral representado por mais de um bit.) A comunidade da computação gráfica inventou o termo *pixel*, que provém das palavras *picture* e *element*.

Pense numa imagem como uma série de fileiras e colunas de pixels, feito palavras cruzadas, mas sem as letras. Para uma dada imagem monocromática qualquer, você pode decidir quantas fileiras e colunas deseja usar. Quanto maior o seu número, menores serão os quadrados, mais finos serão os grãos e melhor o resultado. Mentalmente, coloque essa grade sobre uma fotografia e preencha cada quadradinho com um valor de intensidade de luz. Completas, essas palavras cruzadas resultarão numa matriz de números.

No caso da cor, tem-se três números por pixel, em geral um para o vermelho, outro para o verde e outro para o azul, ou um para a intensidade, outro para o matiz e um terceiro para a saturação. Ao contrário do que aprendemos no ensino básico, vermelho, amarelo e azul não são as três cores primárias. As três cores primárias aditivas são o vermelho, o verde e o azul (isto é, na televisão). E as primárias subtrativas são (na impressão) o magenta, o ciano e o amarelo. Não são, pois, o vermelho, o amarelo e o azul. (Foi-me dito que não se ensinam esses termos às crianças porque a palavra *magenta* é demasiado longa. Muitos adultos, porém, nunca ouviram falar em *ciano*. Enfim...)

Em se tratando do movimento, faz-se uma amostragem no tempo — assim como com os quadros de um filme. Cada amostra constitui um quadro (de novo, palavras cruzadas); se os juntarmos e os reproduzirmos numa sucessão rápida o bastante, produziremos o efeito do movimento suave. Uma das razões pelas quais vemos tão poucos gráficos dinâmicos ou deparamos com vídeos exibidos em janelas pequenas é a dificuldade de se trazer da memória para a tela um número suficiente de bits, sob a forma de pixels, à velocidade necessária (para que se possa ter de sessenta a noventa quadros por segundo, necessários para produzir um movimento suave e livre de cintilação [*flicker*]). A cada dia que passa, alguém inventa um novo produto ou técnica visando aumentar essa velocidade.

O verdadeiro poder do pixel provém de sua natureza molecular, uma vez que ele pode ser parte de tudo, desde texto até fotografias, passando por linhas de desenho. Dizer que *pixels são pixels* é tão verdadeiro quanto afirmar que *bits são bits*. Com uma quantidade suficiente de pixels e de bits por pixel (para os tons de cinza ou as cores), pode-se obter a excelente qualidade de exibição dos atuais computadores pessoais e estações de trabalho. Contudo, das limitações dessa estrutura básica em forma de grade resultam não apenas qualidades, mas defeitos também.

Os pixels tendem a exigir muita memória. Quanto mais pixels e bits por pixel você usar, tanto mais memória será preciso para armazená-los. Uma tela colorida típica, de 1000 x 1000 pixels, requer 24 milhões de bits de memória. Em 1961, quando eu era calouro no MIT, um bit de memória custava um dólar. Hoje, 24 milhões de bits custam sessenta dólares, o que significa que podemos mais ou menos ignorar o vasto apetite em termos de memória dos gráficos baseados em pixels.

Há apenas quatro anos não era assim; as pessoas economizavam, utilizando menos pixels por tela e bem menos bits por pixel. Na verdade, os primeiros monitores de varredura por rastreamento costumavam usar um único bit por pixel, o que nos legou um problema especial: as chanfraduras.

CHANFRADURAS INACEITÁVEIS

Você já se perguntou por que a tela do seu computador exibe linhas chanfradas? Por que imagens de pirâmides parecem-se com zigurates? Por que o E, o L e o T maiúsculo ficam tão bons, ao passo que o S, o W e o O mais parecem enfeites de Natal malfeitos? Por que razão as linhas curvas parecem ter sido desenhadas por alguém que sofre de paralisia?

O motivo disso é a utilização de um único bit por pixel na exibição da imagem, resultando num efeito de escada ou desalinhamento espacial, algo que absolutamente não precisaria ocorrer se os fabricantes de hardware e software utilizassem mais bits por pixel e empregassem algum poder de processamento na resolução do problema.

E por que, então, os monitores de computador não fazem todos um alinhamento corretivo? A desculpa dada é que isso exigiria processamento em demasia. Dez anos atrás, nós poderíamos (talvez) aceitar o argumento de que melhor seria empregar o poder de processamento em outras coisas; ademais, os níveis intermediários de cinza necessários para esse alinhamento corretivo não eram tão comuns como o são hoje.

Infelizmente, porém, o consumidor foi treinado para aceitar as chanfraduras como um fato consumado. Parece até que estamos transformando esse inconveniente numa espécie de mascote, da mesma forma como, nas décadas de 1960 e 1970, os designers gráficos costumavam usar aquela fonte engraçada, de leitura magnética — a MICR —, com o intuito de emprestar uma aparência "eletrônica" a seus trabalhos. Agora, nas décadas de 1980 e 1990, estão de novo fazendo a mesma coisa: empregam uma tipografia exagerada e desalinhada para passar a idéia de algo "próprio dos computadores". Hoje, é desnecessário que linhas e caracteres tenham uma qualidade que não seja a da impressão, da suavidade perfeita. Não deixe que ninguém o convença do contrário.

ICONOGRÁFICOS

Em 1976, Craig Fields, diretor de um programa no Cybernetics Technology Office da ARPA (e, mais tarde, diretor da própria ARPA), contratou uma companhia nova-iorquina de animação computadorizada para produzir um filme sobre uma cidade fictícia no deserto chamada Dar El Marar. A animação mostrava Dar El Marar a partir da cabine de um helicóptero a sobrevoá-la, mergulhando em suas ruas, retrocedendo para mostrar a paisagem da cidade como um todo, visitando bairros e aproximando-se para exibir o interior dos prédios. O filme simulava como seria ser Peter Pan, não com o propósito de desfrutar da contemplação da paisagem urbana e de um mundo de edifícios, mas com o intuito de explorar um mundo de informação. A idéia era que você tinha projetado a cidade e construído bairros de informação, armazenando dados em edifícios específicos, como um esquilo armazenando nozes. Depois, em seu tapete mágico, você iria buscar a informação no lugar em que a havia armazenado.

Simonides de Céos (556-468 a.C.) foi um poeta da Grécia clássica conhecido por sua memória prodigiosa. Quando o teto de um salão de banquetes desmoronou logo após ele ter deixado o recinto, Simonides descobriu que era capaz de identificar os corpos destroçados com base no local em que haviam se sentado: concluiu, pois, que associar um conteúdo a um lugar específico numa imagem espacial mental poderia ajudar na rememoração. Assim, associava partes de seus discursos a objetos e pontos no interior do templo. Depois, no momento de fazê-los, revisitava mentalmente o templo a fim de invocar suas idéias de uma maneira ordenada e inteligível. Os primeiros jesuítas na China designavam esse mesmo processo como a construção de "palácios mentais".

Esses exemplos tratam da navegação no espaço tridimensional visando o armazenamento e o resgate da informação. Algumas pessoas são boas nisso; outras não.

No espaço bidimensional, a maioria de nós tem uma capacidade maior e mais uniforme de fazê-lo. Pense na fachada bidimensional de suas próprias prateleiras de livros. Você provavelmente é capaz de encontrar qualquer livro indo diretamente para "onde" ele está. É provável que você se lembre de seu tamanho, cor, espessura e tipo de encadernação. Com certeza, você se lembrará melhor dessas informações se foi você quem o colocou "lá". A mesa mais bagunçada possui uma ordem para aquele que a utiliza, pois foi ele quem fez a bagunça, por assim dizer. Nada poderia ser pior do que chamar um bibliotecário para reorganizar seus livros segundo o sistema decimal de Dewey, ou uma arrumadeira para limpar sua mesa. De súbito, você se sentiria perdido.

Ponderações dessa natureza conduziram ao desenvolvimento daquilo a que demos o nome de *spatial data management system* (SDMS, "sistema espacial de gerenciamento de dados"). O SDMS tomou corpo numa sala com uma tela colorida ocupando uma parede inteira e estendendo-se do chão ao teto, dois monitores auxiliares de mesa, som octofônico, uma cadeira Eames dotada de instrumentos e outras parafernálias. O sistema oferecia ao usuário uma interface ao estilo de um sofá e a oportunidade de, instalado em sua cadeira, sobrevoar os dados e olhar para fora de um mostrador do tamanho de uma janela. Ele podia fazer uso livre de zooms e panorâmicas a fim de navegar por uma paisagem bidimensional fictícia chamada Datalândia. Podia visitar arquivos pessoais, cartas, livros eletrônicos, mapas produzidos por satélites e toda uma gama de novos tipos de dados (como, por exemplo, um videoclipe de Peter Falk em "Columbo" ou uma coleção de 54 mil fotos de arte e arquitetura).

A Datalândia em si era uma paisagem de pequenas imagens a ilustrar a função ou os dados por trás delas. Por trás de uma imagem de um calendário de mesa havia a agenda do usuário. Se este conduzisse o sistema para dentro da imagem de um telefone, por exemplo, o SDMS inicializaria um programa de discagem automática associado a um fichário pessoal. Foi assim que nasceram os ícones. Chegamos a cultivar a idéia de usar a palavra *glifo* em vez de *ícone*, pois a definição de dicionário desta última realmente não é apropriada. Mas o termo *ícone* pegou.

Essas imagens do tamanho de selos postais não apenas ilustravam os dados ou função que ocultavam: cada uma delas tinha também o seu "lugar". Como acontece com os livros na estante, você iria buscar o que queria indo ao lugar em que estava, lembrando-se de sua localização, cor, tamanho e até dos sons que produzisse.

O SDMS estava tão à frente de seu tempo que foram necessárias décadas e o nascimento do computador pessoal para que alguns de seus conceitos pudessem ser postos em prática. Hoje, os ícones são comuns à persona de todos os computadores. As pessoas vêem as imagens de latas de lixo, calculadoras e aparelhos telefônicos como coisas naturais. E, de fato, alguns sistemas referem-se à tela como "desktop", literalmente, o tampo da escrivaninha. O que mudou foi que as datalândias atuais não se estendem por paredes inteiras, do chão ao teto. Em vez disso, são sanfonadas em "windows": janelas.

O FORMATO DAS JANELAS

Impressiona-me sempre a maneira inteligente pela qual o nome dado a um produto é capaz de conquistar o mercado, deixando o consumidor com impressões bastante falsas. Quando a IBM decidiu chamar seu computador pessoal de PC, foi uma tacada de gênio. A despeito de a Apple ter chegado ao mercado mais de quatro anos antes, o nome PC tornou-se sinônimo de computador pessoal. Do mesmo modo, quando a Microsoft optou por dar a seu sistema operacional de segunda geração o nome de Windows, o produto brilhantemente apoderou-se do termo para sempre, a despeito de a Apple ter começado a utilizar janelas (melhores) mais de cinco anos antes e de vários fabricantes de estações de trabalho já as estarem utilizando amplamente.

As janelas existem porque as telas de computador são pequenas. O resultado disso é que um espaço de trabalho relativamente pequeno pode ser utilizado para manter ativos diferentes processos a um só tempo. Este livro inteiro foi escrito numa tela de nove polegadas na diagonal e sem uma única folha de papel, a não ser o papel fornecido para ou pela editora. Para a maioria das pessoas, utilizar janelas é como andar de bicicleta: você nem se lembra de como aprendeu a fazê-lo; apenas faz.

As janelas são interessantes também como uma metáfora do futuro da televisão. Mais do que em outros países, nós, nos Estados Unidos, exigimos no passado que a imagem da televisão preenchesse a tela por completo. Preenchê-la, porém, tem um custo que deriva do fato de nem todos os filmes e programas televisivos terem sido criados no mesmo formato retangular.

Na verdade, no início da década de 1950, a indústria cinematográfica pôs-se de propósito a utilizar uma série de telas maiores (Cinerama, Super Panavision, Super Technirama, Panavision de 35 mm e Cinemascope, que ainda utilizamos hoje) com o intuito de minar a distribuição de programas de TV. A razão de aspecto atual de três por quatro da imagem televisiva teve sua origem nos filmes de antes da Segunda Guerra Mundial e não serve para o Cinemascope, ou mesmo para o formato retangular da maioria dos filmes produzidos nos últimos quarenta anos.

As estações de televisão da Europa continental resolvem o problema dessa diferença na razão de aspecto por intermédio do chamado "encaixotamento". Elas colocam faixas pretas nas porções superior e inferior da tela, de forma que a porção remanescente exibe a razão de aspecto correta. Sacrificando-se uns poucos pixels, o telespectador pode ver o filme numa reprodução fiel do formato de cada quadro. Julgo satisfatório esse encaixotamento porque ele, além disso, produz bordas horizontais bastante nítidas nas extremidades superior e inferior da imagem, as quais apresentariam uma delimitação menos nítida se produzida pelas bordas curvas e de plástico do aparelho de televisão.

Nos Estados Unidos, raramente fazemos assim. Ao transferirmos filmes para o formato de vídeo, utilizamos "panorâmica e varredura" [*pan-and-scan*], tomando a tela ampla do filme e convertendo-a num retângulo de três por quatro. O que fazemos não é apenas espremer o filme (embora o façamos também, com relação aos títulos e créditos). Em vez disso, durante o processo de transferência, enquanto o filme vai passando pela máquina (em geral, um varredor móvel), um operador move manualmente uma janela de três por quatro sobre a janela bem mais ampla do filme, deslizando-a para um lado e para o outro, a fim de apanhar as partes mais relevantes de cada cena.

Alguns cineastas — notadamente Woody Allen — não permitem que isso seja feito, mas a maioria parece não se importar. Um dos melhores exemplos de um filme em que esse processo fracassou por completo é *A primeira noite de um homem*. Na cena em que Dustin Hoffman e Anne Bancroft estão tirando as respectivas roupas, cada um num extremo da tela, não houve jeito de o operador colocar os dois juntos num mesmo quadro de vídeo.

No Japão e na Europa tem havido uma grande pressão por uma razão de aspecto de nove por dezesseis, e os opositores da TV de alta definição nos Estados Unidos estão indo atrás feito cordeirinhos. Nove por dezesseis pode, na verdade, ser pior do que três por quatro, pois todo o material existente em vídeo (todo ele em três por quatro) terá, então, de ser exibido com faixas pretas verticais de ambos os lados de sua tela de nove por dezesseis: as assim chamadas cortinas. Além de as cortinas servirem menos a um propósito visual do que o encaixotamento, não há como utilizar aí o processo de panorâmicas e varreduras, nem que se queira.

A razão de aspecto deveria ser variável. Quando as TVs dispuserem de um número suficiente de pixels, o estilo janelas fará muito sentido. A experiência das telas de três metros e as de dezoito polegadas começarão a se fundir. De fato, no futuro, quando tivermos a alta resolução e a tela do tamanho da parede, do chão até o teto, você poderá colocar sua imagem de TV na tela em função da disposição das plantas em sua sala, e não do quadro ao redor de uma tela pequena. Você terá a parede inteira.

OS GRÁFICOS DE CONSUMO

Muito recentemente, cinco anos atrás, os fabricantes de computadores, inclusive a Apple, não estavam dispostos a atacar agressivamente a casa das pessoas como um mercado. É difícil de acreditar. Poucos anos antes, o preço das ações da Texas Instruments subira quando a companhia anunciou que estava abandonando o ramo dos computadores de uso caseiro.

Em 1977, Frank Cary, o presidente da IBM, anunciou aos acionistas que a empresa entraria no ramo dos bens eletrônicos de consumo. Bem ao estilo IBM, uma força-tarefa foi designada e examinou uma série de candidatos, incluindo-se aí, entre outras coisas, relógios de pulso. A IBM acabou se decidindo pelos computadores caseiros. Um projeto ultra-secreto seguiu-se, tendo por codinome Castle, do qual participei como consultor, uma vez por semana. Concebeu-se, então, um computador caseiro bastante ambicioso, com um videodisco digital embutido.

O conceituado desenhista industrial Elliott Noyes criou um protótipo de computador caseiro que todos nós teríamos orgulho de ter em casa vinte anos mais tarde. Mas o sonho começou a desfazer-se. Os laboratórios da IBM em Poughkeepsie, no estado de Nova York, não conseguiram fazer funcionar direito o videodisco digital transmissivo (no qual o laser atravessa um disco transparente, em vez de se refletir num disco brilhante), flexível e com capacidade para dez horas, de modo que ele foi apartado do computador pessoal. O Castle foi dividido.

A parte do programa dedicada ao computador pessoal foi enviada para outro laboratório da IBM, em Burlington, Vermont, e, mais tarde, para Boca Raton (o resto é história). O videodisco foi posteriormente descartado em favor de uma associação com a MCA (da qual ambas as empresas se arrependeram pouco depois). O Castle nasceu morto, e o computador pessoal teve de esperar alguns anos a mais pelos acontecimentos na garagem de Steve Jobs.

Mais ou menos à mesma época, os jogos eletrônicos introduziram um tipo diferente de computador e de gráficos. Esses produtos de consumo eram bastante dinâmicos por causa de sua interatividade intrínseca, além do que, neles, hardware e conteúdo fundiam-se com naturalidade. Os fabricantes de jogos não ganham dinheiro com hardware, mas com os jogos. Trata-se de fornecer os aparelhos de barbear de graça e ganhar muito dinheiro vendendo as giletes.

Contudo, tal e qual as empresas de informática já extintas que só pensavam em sistemas proprietários, os fabricantes de jogos têm até agora perdido a oportunidade de abrir seus sistemas fechados e competir com imaginação. A Sega e a Nintendo também vão acabar desaparecendo se não acordarem para o fato de que os PCs estão comendo sua comida.

Os projetistas independentes de jogos têm, hoje, de perceber que seus produtos vão provavelmente se tornar best-sellers, se projetados para uma plataforma de uso geral, uma plataforma da qual somente a Intel planeja vender 100 milhões de unidades por ano. Por esse motivo, a computação gráfica dos PCs vai se desenvolver com rapidez rumo àquilo que vemos nos mais avançados videogames. Os jogos para PC vão suplantar os sistemas dedicados de jogos que conhecemos hoje. A única área na qual os hardwares específicos vão ainda desempenhar algum papel de curto prazo é a da realidade virtual.

9

RV

OXÍMORO OU PLEONASMO?

Mike Hammer (não o detetive, mas o maior especialista do mundo na reorganização de empresas — a chamada "reengenharia") afirma que *mudança corporativa* é um oxímoro em via de se tornar um pleonasmo. Um pleonasmo é uma expressão redundante, como, por exemplo, "com meus próprios olhos". Pode-se argumentar que é o inverso do oxímoro, o qual se traduz numa contradição aparente, como em *inteligência artificial* ou *comida de avião*. Se se atribuíssem prêmios aos melhores oxímoros, *realidade virtual* com certeza ganharia um.

Se contemplamos como *duas metades equivalentes* as palavras que compõem a expressão *realidade virtual*, então faz mais sentido pensar em RV como um conceito redundante. A RV pode tornar o artificial tão realista quanto o real, ou mais ainda.

A simulação de vôo, por exemplo, a aplicação mais sofisticada e mais duradoura até agora em matéria de RV, é uma experiência mais realista do que pilotar um avião de verdade. Em seu primeiro vôo, pilotos recém-treinados, mas inteiramente capacitados, assumem logo o controle de um 747 lotado e "real", porque aprenderam mais no simulador do que poderiam ter aprendido no avião de verdade. No simulador, um piloto pode ser submetido a todo tipo de situações raras, o que seria impossível no mundo real, pois poderia demandar mais do que o susto de uma quase colisão ou partir ao meio um avião de verdade.

Outra aplicação de cunho social da RV seria sua utilização em auto-escolas. Numa rua escorregadia, uma criança surge de repente, saída do meio de dois carros — nenhum de nós sabe como iria reagir. A RV nos permite vivenciar uma situação *com nosso próprio corpo*.

A idéia da realidade virtual é proporcionar a sensação do "estar lá" oferecendo pelo menos ao olho o que ele teria visto se estivesse lá e, mais importante do que isso, fazendo com que a imagem mude instantaneamente de acordo com o ponto de vista. Nossa percepção da realidade espacial é determinada por várias informações visuais tais como o tamanho relativo, o brilho e o movimento angular. Uma das mais importantes é a perspectiva, poderosa sobretudo por sua forma binocular, em que cada olho vê uma imagem diferente. A fusão dessas imagens numa outra, em três dimensões, é a base da estereovisão.

A noção de profundidade oferecida pelos olhos, cada um vendo uma imagem ligeiramente diferente (paralaxe ocular), é eficaz sobretudo no tocante aos objetos próximos (a, digamos, dois metros de distância). Objetos mais distantes oferecem, em essência, a mesma imagem a ambos os olhos. Você já parou para pensar por que é que os filmes em 3-D são tão pródigos em movimentos para a frente e para trás no primeiro plano, com os objetos sempre voando em direção à platéia? É porque é justamente aí que as imagens estereoscópicas funcionam melhor.

A indumentária típica da realidade virtual é um capacete com visores semelhantes a óculos de proteção, um para cada olho. Cada visor apresenta uma imagem em perspectiva ligeiramente diferente daquilo que você veria ao vivo. Conforme você mexe a cabeça, as imagens são, em princípio, atualizadas com tamanha rapidez que você sente estar produzindo essas mudanças pelo movimento da sua cabeça (quando, na verdade, é o computador que está seguindo seu movimento). Você se sente a causa, e não o efeito.

A medida de quão real essa experiência visual pode parecer resulta da combinação de dois fatores. O primeiro é a qualidade da imagem: o número de linhas exibidas e a textura entre elas.

O segundo é o tempo de resposta: a velocidade com que as cenas são atualizadas. Ambas essas variáveis exigem bastante poder de processamento e, até pouco tempo, estavam além das possibilidades da maioria dos criadores de produtos.

O início da realidade virtual remonta a 1968, quando ninguém menos que Ivan Sutherland construiu o primeiro sistema de visores para ser usado sobre a cabeça. Um trabalho posterior da NASA e do Departamento de Defesa resultou em alguns caros protótipos tendo por finalidade a exploração espacial e aplicativos militares. O treinamento para tanques e submarinos era um uso particularmente adequado para a RV, já que também na situação "real" se estaria olhando através de binóculos ou de um periscópio.

Somente hoje dispomos de computadores baratos e com capacidade de processamento suficiente para pensar nessa tecnologia como um veículo de entretenimento para o consumidor em geral. Nesse contexto, o que veremos não será menos que espantoso.

A TROPA DE CHOQUE DO SOFÁ

Parque dos dinossauros daria uma experiência fabulosa de realidade virtual. Ao contrário do livro ou filme homônimo, não teríamos uma história. O papel de Michael Crichton nesse caso seria o do cenógrafo, e o de infundir uma aparência, personalidade, um comportamento e um objetivo em cada dinossauro. Ponha a simulação em movimento. Depois, você entra. O que você terá não será televisão, e não precisa ser tão anti-séptico quanto a Disneylândia. Não há multidões, filas ou cheiro de pipoca (só de estrume de dinossauro). É como estar numa selva pré-histórica, e pode-se fazer com que a experiência pareça bem mais perigosa do que qualquer selva real.

As futuras gerações de adultos e crianças vão se divertir dessa maneira. Uma vez que as imagens não são reais, mas computadorizadas, não há necessidade de nos atermos à escala real e a lugares de verdade. A realidade virtual vai permitir que você coloque os braços em torno da Via Láctea, nade pela corrente sangüínea ou visite Alice no país das maravilhas.

Hoje, porém, a realidade virtual tem defeitos e falhas técnicas que precisam ser corrigidas para que a experiência venha a ter um apelo mais amplo. A RV de baixo custo, por exemplo, encontra-se infestada de recursos gráficos precários. No caso do movimento, as chanfraduras são ainda mais enervantes, pois parecem mover-se, e não necessariamente na mesma direção da cena. Pense na linha do horizonte, perfeitamente horizontal. Agora incline-a, só um pouquinho, de modo que uma chanfradura apareça bem no meio da linha. Depois, incline-a um pouco mais. Duas chanfraduras aparecerão, depois três e depois mais ainda; logo, vai parecer que elas estão se movendo, até você atingir um ângulo de 45 graus, quando a linha vai se transformar numa escada perfeita de chanfraduras compostas de pixels com suas quinas tocando-se. É horrível.

E, pior ainda, a RV ainda não é rápida o suficiente. Todos os sistemas comerciais, e sobretudo aqueles que os grandes fabricantes de videogames logo estarão trazendo até você, apresentam algum retardamento. Conforme mexemos a cabeça, a imagem muda rapidamente, mas não com rapidez suficiente. Ela se atrasa.

Nos primórdios da computação gráfica em 3-D, empregava-se toda uma variedade de óculos estereoscópicos para atingir o efeito. Algumas vezes, utilizavam-se lentes polarizadas bastante baratas; outras, obturadores eletrônicos mais caros, os quais, de maneira alternada, expunham cada olho a uma imagem diferente.

Da primeira vez que trabalhei com esses dispositivos, lembro-me que, após colocar os óculos e ver as imagens em 3-D na tela, todo mundo — não a maioria das pessoas, mas todos, literalmente — movia a cabeça de um lado para o outro, esperando que as imagens fossem se modificar. Mas, assim como nos filmes em 3-D, isso não acontecia. O movimento da cabeça não produzia efeito algum.

Essa reação humana de "mover bruscamente o pescoço" diz tudo. A realidade virtual precisa, de fato, acoplar-se intimamente ao movimento e ser capaz de perceber as mudanças de posição, a fim de que o espectador, e não apenas a máquina, possa produzir a mudança. Em RV, é preciso rastrear o movimento da cabeça, e a resposta rápida a esse movimento é quase só o que interessa. A velocidade de atualização da imagem (a resposta de freqüência) é, na verdade, mais importante do que a resolução — o que mostra que nosso sistema de detecção do movimento é tão aguçado que o menor atraso arruína a experiência.

A maioria dos fabricantes vai provavelmente cometer o total equívoco de comercializar sistemas prematuros de RV com o máximo possível de resolução, em prejuízo do tempo de resposta. Eles estariam proporcionando uma experiência bem mais satisfatória em termos de RV se mostrassem menos recursos gráficos, corrigissem as imagens e propiciassem uma resposta rápida.

A alternativa é abandonar por completo os visores colocados sobre a cabeça, os quais oferecem imagens em perspectiva para cada olho em separado, e passar a utilizar as chamadas "tecnologias auto-estereoscópicas", que fazem um objeto real ou imagem holográfica flutuar no espaço, expondo-o a ambos os olhos.

CABEÇAS FALANTES

Em meados da década de 1970, a ARPA deu início a um grande projeto de pesquisa na área de teleconferência, a fim de atender a um importante aspecto da segurança nacional. O objetivo específico a ser alcançado era a capacidade de transmitir por via eletrônica a sensação mais completa possível da presença humana para cinco pessoas em particular, em cinco lugares diferentes. Cada uma dessas cinco pessoas, apartadas no espaço, tinha de acreditar que as outras quatro estavam fisicamente presentes a seu lado.

Esse extraordinário desafio às telecomunicações teve por motivação os procedimentos governamentais de emergência no caso de um ataque ou ameaça de ataque nuclear. Durante a década de 1970 fez-se o seguinte: o presidente dos Estados Unidos, o vice-presidente, o secretário de Estado, o chefe do Estado-Maior e o porta-voz da Casa Branca partiriam imediatamente para um local bem conhecido sob uma montanha na Virgínia. Dali, defenderiam a nação a partir de uma sala avançada de comando e controle (como aquela do filme *Jogos de guerra*), supostamente imune ao ataque e à chuva radioativa.

Contudo, quão seguro era ter os cinco reunidos num único lugar? Não seria mais seguro tê-los em cinco locais diferentes (um no ar, outro num submarino, outro sob uma montanha etc.), se se pudesse fazê-los sentir que estavam juntos num mesmo lugar? Claro que sim. Por essa razão, a ARPA pôs-se a financiar uma pesquisa avançada no campo da teleconferência, e meus colegas e eu fomos agraciados com um contrato para criar digitalmente uma "telepresença" humana em tempo real.

Nossa solução foi reproduzir quatro vezes a cabeça de cada um, valendo-nos de uma máscara translúcida com o formato exato de seu rosto e em escala real. Cada máscara foi elevada por um sistema de suspensão permitindo uma dupla liberdade de movimentos: ela podia inclinar-se, num gesto de concordância, e a cabeça podia girar. Em seu interior projetavam-se imagens em vídeo de gravação perfeita.

Em cada local tinha-se, pois, uma pessoa de carne e osso e quatro cabeças de plástico a balançar, todos sentados em volta duma mesa segundo uma mesma ordem. Imagem e posição da cabeça de cada pessoa eram capturadas e transmitidas. Se o presidente se voltasse para falar com o vice-presidente, o secretário de Estado veria as correspondentes cabeças de plástico fazerem o mesmo onde ele estivesse. Algo bizarro, reconheço.

O vídeo assim projetado resultava numa simulação tão vívida e real que um almirante me contou que as "cabeças falantes" provocavam-lhe pesadelos. Preferia um telegrama do presidente em papel amarelo e letras maiúsculas dizendo "FOGO!" à cabeça dançante do comandante-chefe na ponte de seu porta-aviões. Uma resposta estranha, considerando-se sua paranóia quanto a voz e imagem de vídeo serem efetivamente as do presidente (e não de alguém fazendo-se passar por ele). Afinal, um telegrama é muito mais fácil de forjar.

Nós provavelmente não descobriremos como decompor, transmitir e recompor pessoas (ou cheeseburgers e suéteres de cashmere) nos próximos 1 ou 2 mil anos. Nesse ínterim, porém, surgirão muitas técnicas de exibição distantes das telas planas ou quase planas às quais nos acostumamos tanto. As bordas que circundam os monitores, o chamado "bisel", vão se tornar menos constritivas no tocante às imagens, grandes e pequenas. Alguns dos mais inventivos aparatos digitais do futuro não terão nenhuma borda.

R2D2 3-D

Em algum ponto do próximo milênio, nossos netos ou bisnetos assistirão a uma partida de futebol (se o jogo ainda se chamar assim) empurrando para o lado a mesinha do café (se ainda for esse o seu nome) e permitindo que jogadores de vinte centímetros de altura corram pela sala de estar (se assim a chamarem ainda), jogando para um lado e para o outro uma bola de um centímetro e meio. Esse modelo é exatamente o oposto da concepção primitiva de realidade virtual. A resolução é a mesma em todo lugar, qualquer que seja o ponto de vista. Para onde quer que você olhe, verá pixels (às vezes chamados também de *voxels* ou *boxels*) em 3-D flutuando no espaço.

Em *Guerra nas estrelas*, R2D2 transportou a princesa Leia para junto de Obi-Wan Kenobi dessa maneira. A linda princesa era uma aparição fantasmagórica projetada no espaço, visível (em princípio) de qualquer ângulo. Esse efeito especial, assim como outros semelhantes em *Jornada nas estrelas* e outros filmes de ficção científica, criou inadvertidamente um público *blasé* para tecnologias como a holografia. Já vimos isso com tanta freqüência no cinema que presumimos que seja mais fácil de fazer do que é.

Na verdade, o professor Stephen Benton, do MIT, o inventor do holograma de luz branca (comum hoje nos cartões de crédito), precisou de mais de vinte anos para atingir um resultado semelhante, valendo-se do poder de processamento de um supercomputador de 1 milhão de dólares, de recursos óticos específicos e quase inestimáveis, e da energia incansável de uma dúzia de brilhantes doutorandos.

A holografia foi inventada pelo cientista húngaro Dennis Gabor em 1948. Simplificando bastante, um holograma é uma reunião de todos os pontos de vista possíveis de uma cena num único plano de padrões de interferência de luz. Quando, então, a luz atravessa esse plano ou é refletida por ele, a cena é oticamente reconstruída no espaço.

A holografia tem sido um azarão no páreo do aperfeiçoamento dos monitores. Uma das razões para isso é que ela demanda enorme resolução. Sua TV deveria ter 480 linhas visíveis de varredura (é provável que tenha bem menos). Se você tem um televisor de modestas dez polegadas de altura, isso significa (na melhor das hipóteses) que você dispõe de quase cinqüenta linhas por polegada. A holografia demanda por volta de 50 mil linhas por polegada, ou milhares de vezes mais linhas de varredura horizontal. Pior do que isso, a resolução tem de ser considerada nos dois eixos, x e y, e, portanto, trata-se de milhares ao quadrado, ou 1 milhão de vezes a resolução dos atuais televisores. Um dos motivos pelos quais vemos a holografia utilizada nos cartões de crédito e até nas notas do dinheiro de alguns países é que essa resolução requer uma tecnologia de impressão muito sofisticada, difícil de falsificar.

A razão pela qual Benton e seus colegas lograram avançar em suas pesquisas é que eles inteligentemente perceberam do que o olho humano e nosso sistema perceptivo de fato necessitam, em contraposição ao que um holograma em si é capaz de produzir. Sendo o olho humano o cliente da imagem, seria tolice apresentá-la dotada de mais detalhes do que ele é capaz de perceber. Do mesmo modo, Benton notou que podemos contemplar a criação da imagem no espaço (amostragem do espaço) da mesma maneira como fazemos com os quadros isolados de um filme (amostragem do tempo). O vídeo proporciona o movimento suave a uma velocidade de trinta quadros (sessenta campos) por segundo. Portanto, em vez de fazer com que um holograma represente todos os pontos de vista, por que não representar um ponto de vista a cada fração de polegada, deixando de lado os dados intermediários? Funciona.

Ademais, Benton e seus colegas perceberam que nosso senso de espaço é em grande medida marcado pela horizontalidade. Por causa da paralaxe dos olhos lado a lado e por tendermos a nos mover por planos em sua maioria horizontais, a paralaxe horizontal constitui um dado espacial muito mais importante do que a vertical (a mudança para cima/para baixo). Se nossos olhos estivessem dispostos um sobre o outro, ou se vivêssemos subindo e descendo das árvores, o caso seria outro. Mas não é assim. De fato, a ênfase no horizontal de nossa percepção é tão forte que Benton concluiu que podia descartar por completo a paralaxe vertical.

Por essa razão, quase nenhum dos hologramas mostrados no Media Lab possui qualquer paralaxe vertical. Quando mostro às pessoas a pequena galeria de exemplos pendurados do lado de fora do laboratório de Benton, elas nem notam. Depois de avisadas, põem-se então a dobrar os joelhos e ficar na ponta dos pés algumas vezes, até acreditar.

O resultado da combinação de amostragem espacial com a utilização apenas da paralaxe horizontal é que o grupo de Benton necessita de mais ou menos dez milésimos do poder de processamento que um holograma completo demandaria. Por isso, conseguiram fazer o primeiro vídeo holográfico em tempo real do mundo dotado de imagens coloridas, matizadas e flutuando livres no espaço. Ele tem o tamanho e o formato de uma xícara de chá, ou de uma princesa Leia atarracada.

MAIS DO QUE O OLHO VÊ

A qualidade de um monitor é algo que vai literalmente além do que o olho vê. Trata-se de uma experiência visual que tipicamente envolve outros sentidos. A sensação coletiva é, no seu todo, maior do que a soma de suas partes.

Nos primórdios da TV de alta definição, o cientista social Russ Neuman, à época no Media Lab, realizou uma experiência marcante em termos da resposta do público à qualidade de exibição. Ele dispôs duas TVs de alta qualidade e dois videocassetes de primeira linha, aparelhos absolutamente idênticos, mostrando vídeos de qualidade também idêntica. Num conjunto (A), porém, utilizou a qualidade de som normal do videocassete e dos minúsculos alto-falantes da TV. No outro (B), usou uma qualidade de som superior à do CD e alto-falantes excelentes.

O resultado foi espantoso. Muitas pessoas afirmaram ter visto uma imagem muito superior em B. A qualidade da imagem, na verdade, era a mesma. Mas a experiência visual era consideravelmente melhor. Nós tendemos a julgar nossas experiências sensoriais como um todo, e não de acordo com suas partes. Essa importante observação é, por vezes, ignorada no desenho de sistemas de realidade virtual.

No projeto de simuladores de tanques militares, fez-se grande esforço para conseguir um monitor da maior qualidade possível (quase a qualquer preço), de modo que a experiência de olhar para ele se aproximasse o mais possível daquela que seria olhar pela janela pequena de um tanque. Ótimo. Somente depois de um esmerado empenho no sentido de prosseguir aumentando o número de linhas de varredura é que os designers pensaram em introduzir uma plataforma móvel, que vibrava um pouquinho. Com o acréscimo de alguns efeitos sensoriais adicionais — o ruído das lagartas e do motor — obteve-se tamanho "realismo", que os projetistas puderam, então, reduzir o número de linhas de varredura; ainda assim, superaram a exigência de que o sistema parecesse real.

Perguntam-me sempre por que uso óculos quando estou comendo, pois é óbvio que não preciso deles para enxergar a comida ou o garfo. Minha resposta é simplesmente que a comida adquire um sabor melhor quando estou usando óculos. Ver a comida com clareza é parte da qualidade de uma refeição. O ver e o sentir complementam-se.

10

VENDO E SENTINDO

DÊ UMA OLHADA EM VOCÊ

Os computadores pessoais têm menor capacidade de sentir a presença humana do que os toaletes modernos ou sistemas de iluminação dotados de simples sensores de movimento. Sua câmara barata com autofoco possui maior inteligência a respeito do que está diante dela do que qualquer terminal ou sistema de computador.

Quando você ergue as mãos do teclado do computador, ele não sabe se essa pausa é para reflexão, se se trata de uma interrupção natural ou se você foi almoçar. Não sabe a diferença entre falar com você a sós ou na presença de outras seis pessoas. Não sabe se você está vestido para uma festa, para dormir ou se nem está usando roupa nenhuma. Por ele, você poderia estar de costas enquanto ele te mostra uma informação importante, ou longe e impossibilitado de ouvi-lo enquanto ele fala com você.

Nós raciocinamos hoje apenas em termos do que tornaria mais fácil para as pessoas a utilização do computador. Pode ser que tenha chegado a hora de perguntar o que tornaria mais fácil para os computadores lidar com seres humanos. Por exemplo: como é possível conversar com pessoas, quando nem sequer se sabe que estão presentes? Você não pode vê-las e nem sabe quantas são. Será que estão sorrindo? Será que estão prestando atenção? Falamos desejosos sobre interações homem-máquina, sistemas dialógicos e, no entanto, estamos dispostos a deixar no escuro total um dos participantes desse diálogo. Está na hora de fazer com que os computadores vejam e ouçam.

A pesquisa e o emprego da visão computadorizada têm se voltado quase exclusivamente para a análise de hipóteses, sobretudo de uso militar, como no caso dos veículos autônomos e das bombas inteligentes. Aplicações para o espaço sideral são também um fator que impulsiona a tecnologia de ponta. Se você tem um robô passeando pela Lua, ele não pode simplesmente transmitir de volta para o operador humano na Terra o vídeo do que está vendo, pois o sinal leva tempo demais para chegar, mesmo na velocidade da luz. Se o robô se aproxima de um precipício, até que o operador tenha visto a imagem do abismo e enviado uma mensagem de volta para a Lua mandando-o parar, ele já terá caído. Esse é um caso no qual o robô precisa fiar-se em sua própria capacidade de julgamento, baseada naquilo que vê.

Os cientistas têm feito progressos constantes no sentido de possibilitar a compreensão da imagem e desenvolvido técnicas para, por exemplo, permitir a identificação de uma forma a partir de seu sombreado ou a distinção de um objeto em relação àquilo que está atrás dele. Apenas recentemente começaram a examinar o problema do reconhecimento de pessoas pelo computador, com o intuito de aperfeiçoar a interface homem-máquina. Seu rosto é, com efeito, seu monitor de vídeo, e o computador deveria ser capaz de lê-lo, o que demanda que ele reconheça o rosto e suas expressões singulares.

Nossas caretas estão intimamente conectadas com aquilo que pretendemos expressar. Quando falamos ao telefone, nossas expressões faciais não deixam de existir apenas porque a pessoa do outro lado da linha não pode vê-las. Na verdade, nós às vezes até contorcemos mais ainda o rosto e fazemos um maior número de gestos com o propósito de conferir maior ênfase e clareza à linguagem falada. Sendo capaz de perceber expressões faciais, o computador terá acesso a um sinal redundante e complementar capaz de enriquecer tanto as mensagens escritas quanto as faladas.

O desafio técnico de possibilitar esse reconhecimento de rostos e expressões faciais é formidável; não obstante, sua concretização é algo que se pode conseguir muito em breve em alguns contextos. Nas aplicações envolvendo você e seu computador, ele só precisa saber se é você quem está ali, e não qualquer outro habitante do planeta. Ademais, pode-se distinguir com facilidade você do cenário ao fundo.

É provável que os computadores comecem a nos ver mais cedo do que se imagina. Durante a Guerra do Golfo em 1990-1, que impediu muitas viagens de negócios, houve um enorme crescimento no âmbito das teleconferências. Desde então, os computadores pessoais têm, cada vez mais, sido aparelhados com equipamento de baixo custo para teleconferências.

Tal equipamento consiste numa câmera de TV posicionada acima e ao centro do monitor, além do hardware e software necessários para codificar, decodificar e exibir vídeo em tempo real e colocá-lo numa porção da tela ou na tela inteira. Os micros vão se tornar cada vez mais capacitados para a visão. Os projetistas do sistema de teleconferência não pensaram em utilizar a câmera para proporcionar ao computador o prazer da comunicação cara a cara. Mas por que não?

DE RATOS E HOMENS

Neil Gershenfeld, do Media Lab, compara um mouse de trinta dólares, que se aprende a usar em poucos minutos, a um arco de violoncelo de 30 mil dólares, que se leva uma vida inteira para dominar. Ele contrasta as dezesseis técnicas do arco com o clicar simples, o duplo clicar e o arrastar do mouse. O arco é para o virtuose; o mouse, para mortais como nós.

Um mouse é um veículo simples, mas desajeitado, para a comunicação de informação gráfica ao computador. Sua utilização requer quatro passos: 1) tatear com a mão em busca do mouse; 2) sacudi-lo para localizar o cursor; 3) mover o cursor para o ponto que se deseja; 4) clicar uma ou duas vezes o botão. O desenho inovador do PowerBook da Apple no mínimo reduz esses passos a três, dispondo ainda do "mouse morto" (ou, mais recentemente, de um *track-pad*), onde, aliás, já estão os polegares do usuário, de modo que as interrupções na digitação são minimizadas.

Contudo, mouse e *track ball* fazem-se verdadeiramente inúteis quando se trata de desenhar. Tente assinar seu nome com um *track ball*. Para tal propósito, uma pequena mesa digitalizadora — uma superfície plana sobre a qual se escreve ou desenha com o auxílio de um dispositivo semelhante a uma caneta esferográfica — é uma solução bem melhor.

Não são muitos os computadores dotados de mesas digitalizadoras. E aqueles que o são sofrem do problema algo esquizofrênico de posicionar adequadamente mesa e teclado, uma vez que ambos competem pela centralidade, demandando um lugar bem à frente e abaixo do monitor. De forma geral, resolve-se esse conflito posicionando-se o teclado embaixo do monitor, pois muita gente (inclusive eu) não digita.

Em conseqüência tanto das mesas digitalizadoras fora de eixo quanto dos mouses colocados de lado, somos obrigados a exercitar uma coordenação mão-olhos nada natural. Desenhamos ou comandamos o cursor num lugar e olhamos para outro: um desenho digitado, por assim dizer.

Douglas Englebart, o homem que criou o mouse em 1964, desenvolveu seu invento como um dispositivo para apontar texto, não como uma ferramenta de desenho. Sua invenção pegou, e hoje o mouse está por toda parte. Jane Alexander, que dirige o National Endowment for the Arts [Fundo Nacional para as Artes], observou recentemente que só um homem seria capaz de dar a esse dispositivo o nome de *mouse* [ratinho, camundongo].

Um ano antes, Ivan Sutherland havia aperfeiçoado o conceito de uma caneta ótica para o desenho diretamente sobre o monitor (na década de 1950, o sistema de defesa SAGE possuía já canetas óticas rudimentares). Ela rastreava um cursor em forma de cruz feito de cinco pontos de luz. Para parar de desenhar, Sutherland girava rapidamente o pulso, provocando a perda do rastro do cursor — uma maneira graciosa, mas não muito acurada, de concluir o desenho de uma linha.

Hoje, as canetas óticas praticamente inexistem. Erguer a mão rumo ao monitor é uma coisa (já, em si, difícil de agüentar por muito tempo, pois o sangue flui para longe da mão), mas segurar uma caneta de cinqüenta gramas presa a um fio é outra, que provoca uma extrema fadiga da mão e do braço. Em alguns casos, as canetas óticas chegavam a ter um diâmetro de mais ou menos 1,25 cm, de modo que utilizá-las era como escrever um cartão-postal com um charuto.

As mesas digitalizadoras são bastante confortáveis para o desenho, e, com algum esforço, pode-se conferir à caneta a textura e a riqueza de um pincel. Até hoje, a experiência de usá-las é semelhante à de escrever com uma esferográfica sobre uma superfície plana e dura, o que requer espaço em algum ponto de sua mesa que esteja próximo de você e do seu monitor. Como nossas mesas estão já abarrotadas de coisas, o único modo de as mesas digitalizadoras virem a se tornar populares é os fabricantes de móveis começarem a incorporá-las ao tampo da mesa, de maneira que não sejam um dispositivo a mais, mas a própria escrivaninha.

A COMPUTAÇÃO PELO TOQUE

O azarão da comunicação de dados gráficos ao computador são os dedos.

Hoje, os caixas eletrônicos e os quiosques de informação utilizam com êxito telas sensíveis ao toque. Os computadores pessoais, porém, quase nunca demandam que seu dedo encoste no monitor, o que é espantoso, quando se considera que o dedo humano é um dispositivo apontador que não temos de pegar e de que dispomos em número de dez. Podemos passar com elegância e facilidade do digitar para o apontar, do plano horizontal para o vertical. E, no entanto, trata-se de uma idéia que ainda não vingou. Reproduzo a seguir as três explicações que me deram para isso, mas não acredito nem por um momento em qualquer uma delas.

Quando você aponta para alguma coisa, você a cobre com o dedo. É verdade, mas o mesmo acontece em relação ao lápis e ao papel, e isso jamais impediu que escrevêssemos à mão ou que utilizássemos o dedo para identificar o que quer que seja no papel impresso.

O dedo apresenta baixa resolução. Falso. Ele pode ser atarracado, mas possui uma resolução extraordinária. Basta apenas um segundo passo para que você, depois de haver tocado uma superfície, deslize o dedo com suavidade e posicione um cursor com grande precisão.

O dedo suja a tela. Suja sim, mas limpa também! Uma maneira de se pensar nas telas sensíveis ao toque é que elas se encontram num estado constante de sujeira mais ou menos invisível, estado este no qual mãos limpas irão limpá-las e mãos sujas, sujá-las (ou algo assim).

O verdadeiro motivo para a não-utilização dos dedos é que ainda não encontramos uma boa tecnologia capaz de detectar o campo ao redor do dedo: isto é, quando o dedo está próximo da tela, mas ainda não a está tocando. Contando com dois estados apenas — o toque e o não-toque —, muitas aplicações serão, no máximo, desajeitadas. Se, por outro lado, um cursor aparecesse quando seu dedo estivesse a, digamos, meio centímetro da tela, então o ato de tocar de fato a tela poderia corresponder a um clique do mouse.

Uma última característica dos dedos é que os sulcos papilares que compõem nossas impressões digitais comportam-se também feito os sulcos num pneu para neve, exercendo fricção sobre o ponto onde a pele encosta no vidro. Essa aderência é que permite que você efetivamente pressione a tela, introduzindo forças em sua superfície.

Num dispositivo que construímos no MIT vinte anos atrás, mostramos que, quando seu dedo toca uma superfície com força, sem se mexer, há aí fricção suficiente para colocar objetos em movimento, empurrá-los, puxá-los e até exercer uma força rotacional. Uma de nossas demonstrações exibia na tela maçanetas redondas, as quais você podia tocar e girar com dois ou três dedos, graças à aderência destes à tela. As maçanetas não apenas giravam, como produziam um clique também, o que aumentava ainda mais o realismo. As aplicações possíveis disso vão desde jogos infantis até a simplificação de uma cabine de avião.

A INTERFACE CONTRA-ATACA

Manipuladores remotos têm sido usados com freqüência em ambientes tóxicos tais como usinas nucleares. O braço do robô fica no interior do reator e é controlado a partir do exterior por um operador humano. Em geral, os braços do senhor e do escravo estão distantes um do outro, e o operador observa a imagem televisionada da cena. Normalmente, o braço do escravo possui uma garra controlada pelo polegar e pelo indicador do senhor, permitindo que objetos sejam apanhados; desse modo, pode-se sentir o peso e a elasticidade (se ele a possui) de um punhado de urânio.

Fred Brooks e seus colegas da Universidade da Carolina do Norte tiveram uma idéia maravilhosa: imagine que o braço do escravo deixe de existir, e que os fios que conduzem a ele sejam conectados a um computador que simule a experiência toda. Os objetos vistos na tela já não são reais, mas modelados e exibidos pelo computador com todas as suas características próprias de peso e elasticidade.

Sempre se pensou nas propriedades tácteis de um computador em termos do usuário a tocá-lo, e não o contrário.

Participei da construção do protótipo de uma máquina capaz de opor resistência aos nossos movimentos, um dispositivo que produzia uma força de reação: o esforço necessário para movê-lo podia variar em função de qualquer coisa que se quisesse. Sob o controle do computador, esse dispositivo podia passar de um movimento livre para outro similar ao que sentiríamos se estivéssemos mergulhados em melaço. Num aplicativo, tínhamos um mapa de Massachusetts associado a um banco de dados demográficos. O usuário podia arquitetar planos para uma nova rodovia movimentando esse digitalizador da força. A força necessária para movê-lo variava em função do número de famílias que seriam desalojadas. Na verdade, você podia fechar os olhos e delinear o traçado da nova rodovia seguindo o caminho que oferecesse menor resistência.

Ao introduzir um pequeno joystick vermelho (um substituto do mouse) no meio do teclado de seu ThinkPad, a IBM se abriu para os aplicativos baseados na força de reação (pois o joystick responde à força aplicada, e não ao deslocamento). Com sorte, logo o mercado estará desfrutando de uma computação por toque de uso mais amplo, e aí vão aparecer aplicativos capazes de fazer com que o joystick do ThinkPad dê a impressão de reagir à força que você fizer.

Outro exemplo foi demonstrado por Alan Kay (em geral considerado o pai dos computadores pessoais) da Apple. Um de seus pesquisadores desenhou um mouse "teimoso", que, valendo-se de um campo magnético variável, deixava-se mover com maior ou menor dificuldade. Carregado de magnetismo, o mouse paralisava-se por completo: não se movia mais, mantendo o cursor afastado de áreas proibidas.

OLHANDO O COMPUTADOR

Imagine-se lendo a tela de um computador e podendo perguntar: O que significa isso? Quem é ela? Como foi que eu cheguei aqui? — *isso*, *ela* e *aqui* sendo definidos pela direção do seu olhar no momento. Suas perguntas dizem respeito ao ponto de contato entre seus olhos e o texto. Em geral, os olhos não são considerados dispositivos de saída de dados e, no entanto, nós os empregamos o tempo todo como tais.

A melhor maneira de se descrever o modo pelo qual os seres humanos são capazes de detectar a direção do olhar uns dos outros e de estabelecer contato com os olhos é caracterizá-lo como mágica. Pense numa situação em que você está de pé a uns seis metros de outra pessoa que, às vezes, olha bem nos seus olhos e, outras vezes, olha para além de você. Instantaneamente você perceberá a diferença, ainda que a direção do olhar do outro não coincida com a do seu por uma fração mínima de um grau. Como é possível?

Com certeza, isso nada tem a ver com trigonometria: você não fica calculando o ângulo que uma normal forma com o plano dos olhos da outra pessoa para, então, verificar se essa normal possui um ponto de intersecção com a linha do seu próprio olhar. Não, o que acontece é outra coisa: uma mensagem circula entre seus olhos e os da outra pessoa. Nós não fazemos a menor idéia de como isso funciona.

Estamos o tempo todo utilizando nossos olhos para apontar para objetos. Se perguntam a você aonde alguém foi, sua resposta pode ser apenas um olhar em direção a uma porta aberta. Ao explicar a alguém o que carregar, você dirige o olhar para uma maleta em vez de outra. Esse modo de apontar para as coisas, associado a um gesto de cabeça, pode constituir um poderoso canal de comunicação.

Dispomos de diversas tecnologias para rastrear o olhar. Uma das primeiras demonstrações a que assisti fazia uso de um rastreador que, colocado sobre a cabeça, alterava o texto numa tela de inglês para francês, conforme a leitura ia avançando. À medida que o foco da sua visão se movia de uma palavra para outra, você via palavras em francês, e a tela parecia estar toda ela em francês. Um observador, cujo olhar não estivesse sendo rastreado, veria uma tela com, digamos, 99% de palavras em inglês (isto é, todas elas, à exceção daquela para a qual a pessoa usando o rastreador estivesse olhando).

Sistemas rastreadores mais modernos empregam câmeras de TV por controle remoto, a fim de que o usuário não tenha de usar dispositivo algum. Teleconferências são perfeitas para o rastreamento do olhar, pois o usuário tende a sentar-se mais ou menos defronte da tela, a uma distância relativamente fixa. E, com freqüência, ele estará olhando nos olhos da pessoa que está do outro lado (e o computador tem como saber onde eles estão).

Quanto mais o computador souber acerca da sua posição, postura e da natureza particular dos seus olhos, mais fácil será para ele saber para onde você está olhando. Por ironia, esse veículo aparentemente exótico que considera os olhos como dados de entrada encontrará sua primeira aplicação na situação bastante comum do sujeito sentado defronte a um microcomputador.

E funcionará ainda melhor se usado concomitantemente com outro canal de entrada de dados: a fala.

11

PODEMOS FALAR SOBRE ISSO?

ALÉM DAS PALAVRAS

Para a maioria das pessoas, a digitação não é a interface ideal. Se pudéssemos falar com nossos computadores, até mesmo o mais convicto dos seguidores de Ned Ludd* os utilizaria com maior entusiasmo. Não obstante, os computadores permanecem sendo mais ou menos surdos e mudos. Por quê?

A razão primordial para tão poucos avanços no terreno do reconhecimento da fala não é a falta de tecnologia, mas da perspectiva adequada. Quando vejo demonstrações de dispositivos de reconhecimento de voz ou propagandas de produtos com alguém segurando um microfone junto da boca, fico imaginando: será que não perceberam ainda que uma das maiores vantagens da fala é que ela deixa suas mãos livres? Quando vejo pessoas com as cabeças erguidas junto da tela, falando, penso comigo mesmo: será que esqueceram que uma das razões para se usar a voz é o fato de se poder empregá-la a distância? Quando ouço gente pedindo, exigindo o reconhecimento de voz imediato, sem que o computador precise se acostumar à voz de seu dono, eu me pergunto: será que esqueceram que estamos falando não com computadores compartilhados, mas pessoais? Por que todo mundo parece estar atacando os aspectos errados do problema?

(*) Ned Ludd foi um trabalhador inglês que (supostamente) tinha o hábito de destruir maquinário têxtil por acreditar que ele seria responsável por uma diminuição da oferta de emprego. Por extensão, um discípulo de Ludd, ou "ludita", é qualquer um que se oponha a mudanças técnicas ou tecnológicas. (N. S.)

É simples. Até pouco tempo, fomos guiados por duas obsessões equivocadas. A primeira, determinada pelas comunicações telefônicas já antiquadas, exigindo de todos, em toda parte, que fossem capazes de apanhar o aparelho telefônico e distribuir comandos falados para um computador, em vez de conversar com uma telefonista de carne e osso — pouco importando se você fala arrastado como um sulista, com um sotaque bostoniano ou se fala nova-iorquês. A outra obsessão originou-se da automação dos escritórios — a máquina de escrever para a qual você dita sem parar e ela transcreve com perfeição o que você disse. Bastou a busca desses objetivos para nos atrasar por anos o alcance de metas mais viáveis (e úteis): o reconhecimento e a compreensão do diálogo num ambiente altamente interativo e personalizado.

Ademais, ignoramos também o valor da fala para além das palavras. Por exemplo: os atuais computadores exigem sua atenção total e absoluta. Em geral, você tem de estar sentado. Precisa atentar de forma mais ou menos exclusiva tanto para o processo quanto para o conteúdo da interação. Quase não há maneira de se utilizar um computador *de passagem*, de fazê-lo participar de uma dentre diversas conversas. A fala vai mudar isso.

De igual importância é a capacidade de usar o computador *para além do alcance do braço*. Imagine se falar com uma pessoa fosse algo que requeresse o nariz dela sempre diante do nosso rosto. De um modo geral, nós conversamos com as pessoas a certa distância, voltamo-nos para o outro lado por alguns momentos para fazer outras coisas e, não raro, sumimos de sua vista e continuamos falando. O que eu quero é um computador capaz de me "ouvir a distância", o que requer uma solução para o problema da separação da fala dos demais sons ambientes, como o som produzido pelo ar-condicionado ou por um avião no céu.

Além disso, a fala vai também além das palavras, na medida em que possui *subportadores* de informação. Qualquer um que tenha um filho ou um bichinho de estimação sabe que a maneira de dizer algo pode ser muito mais importante do que aquilo que é dito. O tom de voz é muito importante. Os cachorros, por exemplo, respondem quase que por completo ao tom da voz, e têm pouquíssima capacidade inata de fazer uma análise lexical complexa, a despeito dos protestos em contrário dos donos que os adoram.

A palavra falada carrega vasta quantidade de informação além das palavras em si. Ao falarmos, podemos transmitir paixão, sarcasmo, exasperação, ambigüidade, subserviência e cansaço — tudo isso por intermédio das mesmas palavras. No reconhecimento da fala pelos computadores, essas nuanças todas têm sido ignoradas ou, pior, tratadas como defeitos em vez de qualidades. E, no entanto, são elas as características que tornam a fala um veículo mais rico do que a digitação.

TRÊS DIMENSÕES DO RECONHECIMENTO DE VOZ

Se você fala razoavelmente bem uma língua estrangeira, mas não com perfeição, logo descobre que ouvir notícias nessa língua num rádio com estática é muito difícil, se não impossível. Por outro lado, uma pessoa fluente nessa língua vai achar o ruído no máximo incômodo. O reconhecimento e a compreensão estão intimamente ligados.

Os atuais computadores não são capazes de compreender, não no sentido em que você e eu concordamos em dizer que *sabemos* o que alguma coisa significa. É certo que, no futuro, eles vão se tornar mais inteligentes, mas, no momento, somos obrigados a resolver problemas de reconhecimento sem poder contar muito com o entendimento da máquina. A separação de ambas essas tarefas abre um claro caminho para a tradução das palavras faladas em comandos que o computador seja capaz de ler. O problema do reconhecimento de voz possui três variáveis: o tamanho do vocabulário, a independência em relação a quem fala e a conectividade das palavras, ou seja, o fato de as fundirmos ao pronunciá-las, como fazemos na cadência da linguagem falada normal.

Pense nessas três dimensões do reconhecimento da fala como três eixos. No eixo do vocabulário, quanto menor a quantidade de palavras a reconhecer, mais fácil para o computador. Se o sistema sabe de antemão quem está falando, o problema torna-se mais simples. E se se separa bem as palavras ao pronunciá-las, também isso facilita.

O ponto de partida desses três eixos é aquele no qual encontramos o menor vocabulário possível de palavras inteiramente vinculadas a um falante específico, as quais precisam ser proferidas com pausas — claras — entre — elas.

À medida que vamos fazendo acréscimos ou avançando por qualquer um dos eixos — desejando ampliar o vocabulário, fazendo com que o sistema funcione para todo e qualquer falante ou permitindo a fusão de palavras na pronúncia —, o problema vai se tornando cada vez mais difícil. No caso extremo, queremos que o computador reconheça qualquer palavra, pronunciada por quem quer que seja, "sejaqualforo" grau de conectividade. Uma suposição freqüente é a de que precisamos ir ao extremo na maioria ou mesmo na totalidade desses três eixos para que o reconhecimento da fala seja de alguma utilidade. Um absurdo!

Examine cada eixo em separado. Em se tratando do tamanho do vocabulário, alguém poderia perguntar: qual o tamanho ideal? Quinhentas, 5 mil ou 50 mil palavras? O que se deveria perguntar, entretanto, é quantas palavras reconhecíveis o computador precisa reter na memória a um só tempo? Tal pergunta sugere a separação dos vocabulários em subconjuntos contextuais, de modo que a máquina possa ser alimentada de punhados de palavras conforme a necessidade. Quando peço a meu computador para fazer uma chamada telefônica, ele carrega minha agenda. Quando eu estiver planejando uma viagem, ele, por sua vez, carregará nomes de cidades.

Se contemplamos o tamanho do vocabulário como o conjunto das palavras necessárias num determinado momento (chame esses conjuntos de "janelas de palavras"), então o computador terá de escolher entre um número bem menos atemorizante de elocuções — bem mais próximo de quinhentos do que de 50 mil.

A suposta necessidade da independência do falante é uma exigência das companhias telefônicas do passado, quando um computador central tinha de ser capaz de entender todo mundo, uma espécie de "serviço universal". Hoje, a computação encontra-se mais amplamente distribuída e personalizada. Na periferia da rede — no PC, no aparelho telefônico ou com o auxílio dos cartões inteligentes —, a possibilidade do reconhecimento é maior. Se quero falar com o computador de uma companhia de aviação a partir de um telefone público, posso ligar para meu computador doméstico ou sacar um computador de bolso e deixar que ele faça a tradução da minha voz para um sinal legível pela máquina.

O terceiro problema é o da fusão das palavras, que comemos ao falar. Não queremos falar com um computador do mesmo modo como um turista se dirige a uma criança estrangeira, deliberadamente enunciando as palavras em separado, fazendo uma pausa entre uma e outra. Esse eixo apresenta o desafio maior, mas ele pode ser em parte simplificado se, em vez de contemplarmos a língua como um conjunto de palavras isoladas, nós a encararmos como um conjunto de elocuções multiverbais. Na verdade, tratar a "falaglutinada" dessa forma pode muito bem ser parte da personalização e do treinamento do seu computador.

Considerando-a um veículo interativo e dialógico, nós podemos trabalhar muito próximos de um reconhecimento mais fácil da fala.

OS ELEMENTOS PARAVERBAIS

A fala é um veículo em geral repleto de sons não encontráveis no dicionário. Ela não apenas é mais colorida do que o texto em preto-e-branco, como pode também adquirir um significado adicional a partir de características dialógicas como, hã..., os elementos paraverbais.

No MIT, em 1978, nós utilizamos um sistema de reconhecimento da fala dependente do falante e capaz de identificar fusões de palavras. Como todos os sistemas desse tipo do passado e do presente, também esse estava sujeito a erros, bastando para tanto que a voz do falante aplicasse qualquer ênfase às palavras, por mínima que fosse. Quando os estudantes de graduação iam fazer uma demonstração para nossos patrocinadores, queríamos que o sistema funcionasse com perfeição. Essa ansiedade, porém, invariavelmente produzia na voz do estudante responsável pela demonstração uma ênfase que derrubava o sistema.

Poucos anos mais tarde, outro estudante teve uma idéia sensacional: localizem as pausas na fala do usuário e programem a máquina para gerar um "ã-hã" nos momentos apropriados. Assim, enquanto se falava com a máquina, ela, de tempos em tempos, emitia um "ã-hãã", "ãã-hã" ou "ã-hã". Isso produzia um efeito reconfortante (parecia que a máquina estava encorajando o usuário a conversar), fazendo com que o falante relaxasse um pouco mais, e o resultado foi que o desempenho do sistema subiu feito um foguete.

Esse conceito trouxe à luz dois aspectos importantes: em primeiro lugar, nem toda elocução precisa ter um significado lexical para ser valiosa na comunicação; em segundo, algumas elocuções nada mais são do que meros protocolos dialógicos. Quando está ao telefone, se você não diz um "ã-hã" para seu interlocutor a intervalos regulares, ele vai ficar nervoso e, por fim, acabará perguntando: "Alô! Você ainda está aí?". Esse "ã-hã" não significa nem "sim", nem "não", nem "talvez", mas, em essência, está transmitindo um único bit de informação: "Estou aqui".

O TEATRO DA CONVERSAÇÃO

Imagine a seguinte situação. Você está sentado a uma mesa na qual todos estão falando francês, menos você. Seu francês limita-se àquele anozinho miserável no ginásio. De repente, uma pessoa volta-se para você e pergunta: "*Voulez-vous encore du vin?*". E você entende perfeitamente. Em seguida, essa mesma pessoa muda o assunto da conversa para, digamos, política francesa. Você não entenderá nada, a não ser que você fale francês com fluência (e, mesmo assim, nada garante que você consiga entender).

Você pode achar que uma pergunta como "Você quer mais vinho?" é linguagem para bebê, ao passo que conversar sobre política é algo que exige um conhecimento mais sofisticado da língua. Essa, porém, não é a diferença que importa entre esses dois diálogos.

Quando aquela pessoa perguntou se você queria mais vinho, é provável que tenha estendido o braço em direção à garrafa de vinho e voltado os olhos para seu copo vazio. Ou seja, você decodificou sinais concomitantes e redundantes, e não apenas acústicos. Ademais, todos os sujeitos e objetos estavam num mesmo espaço a um mesmo tempo. Foi essa tática que possibilitou o entendimento.

Aqui, mais uma vez, a redundância é algo positivo. O uso de canais paralelos (gesto, olhar e fala) constitui a essência da comunicação humana. Os homens gravitam com naturalidade por meios concomitantes de expressão. Se você tem um conhecimento modesto de italiano, você terá muita dificuldade em falar com italianos ao telefone. Mas quando chegar a um hotel na Itália e descobrir que não tem sabonete no quarto, você não vai usar o telefone: vai descer até a portaria e usar seu melhor italiano da Berlitz para pedir sabonete. E pode até fazer alguns gestos de quem está tomando banho.

Num país estrangeiro, usamos de todos os meios possíveis para transmitir intenções, e lemos todos os sinais para extrair deles até mesmo o mais mínimo nível de entendimento. Pense que o computador está num tal país estrangeiro: o nosso.

FAZENDO COMPUTADORES FALAR BEM

A fala pode ser produzida por um computador de duas maneiras: mediante a reprodução de uma voz previamente gravada ou pela sintetização dos sons a partir das letras, sílabas ou (mais provável) dos fonemas. Cada um desses métodos possui vantagens e desvantagens. A produção da fala é semelhante ao problema da música: você pode armazenar o som (como faz um CD) e reproduzi-lo num aparelho ou pode sintetizá-lo para reproduzi-lo da partitura (como faz o músico).

A recitação da fala previamente gravada devolve a você a comunicação oral e auditiva mais ''natural'', sobretudo se a fala gravada compõe-se de uma mensagem completa. Por essa razão, a maioria das mensagens telefônicas é gravada assim. Quando se tentam juntar punhados menores de sons pré-gravados ou palavras isoladas, os resultados são menos satisfatórios, pois ficará faltando a prosódia.

Antigamente, as pessoas hesitavam em utilizar muitas falas pré-gravadas na interação homem-computador porque isso consumia muita memória. Hoje, esse é um problema menor.

O verdadeiro problema é o mais óbvio: para que a fala armazenada funcione, é necessário que você a tenha gravado antes. Se você deseja que seu computador chame as coisas pelos nomes certos, todos esses nomes precisarão ter sido armazenados nele. A voz armazenada não funciona para o discurso aleatório. É por essa razão que se faz uso do segundo método: a sintetização.

Um sintetizador de voz pega um texto (como esta frase) e segue certas regras para enunciar cada palavra, uma a uma. As línguas são diferentes umas das outras, o que faz variar a dificuldade em sintetizá-las.

O inglês é uma das mais difíceis, pois escrevemos (*write*, *right* ou *rite*?) de um modo (*way*, *weigh* ou *whey*?) bastante peculiar e aparentemente ilógico. Outras línguas, como o turco, são mais fáceis. Na verdade, o turco é bastante fácil de ser sintetizado, pois, ao mudar o alfabeto de arábico para latino em 1929, Atatürk criou uma correspondência direta entre sons e letras. Você pronuncia todas as letras; inexistem letras que não soam ou ditongos a nos confundir. Assim, no nível da palavra, o turco é um sonho que se tornou realidade em termos de um sintetizador da fala para computadores.

Contudo, ainda que a máquina seja capaz de pronunciar toda e qualquer palavra, o problema não termina aí. É muito difícil conferir a uma coletânea de palavras sintetizadas um ritmo geral e uma ênfase no nível da expressão ou frase, o que é importante não apenas para que as palavras soem bem, mas também para que contenham uma cor, um enunciado e um tom em conformidade tanto com seu conteúdo quanto com sua intenção. Do contrário, o resultado será uma voz monótona, soando feito um sueco bêbado.

Estamos vendo (ouvindo) hoje alguns sistemas que combinam sintetização e armazenamento. Como a maior parte do que é digital, a solução de longo prazo será empregar ambas as coisas.

TODAS AS COISAS GRANDES E PEQUENAS

No próximo milênio, vamos nos surpreender falando tanto ou mais com as máquinas do que com outros seres humanos. No que se refere a conversar com objetos inanimados, o que mais parece incomodar as pessoas é sua própria autoconsciência. Sentimo-nos perfeitamente à vontade conversando com cachorros e canários, mas não com maçanetas ou postes (a não ser que você esteja completamente bêbado). Será que eu me sentiria um idiota conversando com uma torradeira? Provavelmente não mais do que você costumava se sentir falando para uma secretária eletrônica.

O que vai fazer com que essa ubiqüidade da fala ande mais rápido hoje do que antigamente é a miniaturização. Os computadores estão se tornando cada vez menores. É de se esperar que você venha a carregar no pulso amanhã aquilo que hoje você tem em cima da mesa e que, ainda ontem, ocupava uma sala inteira.

Muitos dos usuários de computadores de mesa não são capazes de avaliar essa enorme redução de tamanho ocorrida nos últimos dez anos, porque há certas dimensões — o tamanho do teclado, por exemplo — que procuramos manter constantes, ao passo que outras — como o tamanho do monitor — buscamos aumentar em vez de diminuir. Assim, o tamanho global de um computador de mesa não é menor do que o de um Apple II de quinze anos atrás.

Se você ficou bastante tempo sem usar um modem, a mudança de tamanho é aí muito mais indicativa da mudança real ocorrida. Há menos de quinze anos, um modem de 1200 baud (que custava cerca de mil dólares) possuía mais ou menos o tamanho de uma torradeira deitada. Por essa mesma época, um modem de 9600 baud era uma enorme gaiola. Hoje, você encontra modems de 19200 em cartão [*smart cards*]. E, mesmo nesse formato de cartão de crédito, boa parte da superfície real não é utilizada, devendo-se apenas a questões físicas (o cartão precisa ter um certo tamanho para ser encaixado no *slot*, e tem de ser grande o suficiente para que possamos segurá-lo e não perdê-lo). O principal motivo pelo qual não se coloca um modem na "cabeça de um alfinete" já não é de ordem tecnológica: é que temos dificuldade em saber onde deixamos as cabeças de alfinetes, e costumamos colocá-las no lugar errado.

Uma vez abandonada a limitação fixada pelo alcance natural dos dedos, que é o que define um teclado confortável, o tamanho de um computador seria determinado antes em função do tamanho dos bolsos, carteiras, relógios de pulso, canetas e similares. Num mundo em que os cartões de crédito possuam o menor tamanho possível, também o monitor será minúsculo, e uma interface gráfica com o usuário não fará muito sentido.

Os sistemas que usam caneta ótica serão provavelmente vistos como uma solução intermediária e incômoda: algo ao mesmo tempo demasiado grande e demasiado pequeno. A alternativa dos botões tampouco se afigura uma solução aceitável. Dê uma olhada em seu videocassete ou no controle remoto de sua televisão e você verá um bom exemplo da limitação representada pelos botões, feitos para mãos de pigmeus e olhos muito, muito jovens.

Por todas essas razões, a tendência à miniaturização crescente vai com certeza conduzir ao aperfeiçoamento da sintetização e do reconhecimento da fala, que se tornará a interface homem-máquina predominante no tocante a objetos pequenos. O reconhecimento da fala em si não precisa estar presente em cada abotoadura ou pulseira de relógio. Pequenos dispositivos poderão, mediante telecomunicação, solicitar e fornecer ajuda entre si. O fato é que o tamanho reduzido requer o uso da voz.

ESTENDA A MÃO E TOQUE ALGUÉM

Muitos anos atrás, o chefe de pesquisa da Hallmark [fabricante de cartões-postais] explicou-me que o principal concorrente da companhia era a AT&T. "Estenda a mão e toque alguém" nada mais é do que a transmissão da emoção pela voz. O canal de voz carrega não apenas o sinal, mas também todas as características que o acompanham, conferindo-lhe os traços da compreensão, da intencionalidade, da compaixão ou do perdão. Dizemos que alguém "soa" honesto, que um argumento "soa" suspeito ou que algo não "soa" próprio de fulano de tal. Embutidas no som, encontram-se informações acerca dos sentimentos.

Do mesmo modo como estendemos a mão para tocar alguém, nós nos veremos empregando a voz para projetar nas máquinas nossos desejos. Algumas pessoas vão se comportar com seus computadores como sargentos instrutores; outras serão a voz da razão. A fala e a delegação de tarefas encontram-se intimamente ligadas. Será que você dará ordens aos Sete Anões?

É possível. A idéia de que daqui a vinte anos você estará conversando com um grupo de assistentes holográficos de vinte centímetros de altura a passear por sua mesa não é absurda. O certo é que a voz será o canal primordial de comunicação entre você e seus agentes de interface.

12
MENOS É MAIS

MORDOMOS DIGITAIS

Em dezembro de 1980, Jerome Wiesner e eu fomos convidados a jantar e pernoitar na adorável casa de campo de Nobutaka Shikanai, na região de Hakone no Japão, não muito longe do monte Fuji. Estávamos convencidos de que o império das comunicações do senhor Shikanai, contando com jornais e emissoras de TV, se beneficiaria da criação do Media Lab e de que, portanto, ele estaria disposto a ajudar no financiamento de sua implantação. Acreditávamos, ademais, que o interesse pessoal do senhor Shikanai pela arte contemporânea se ajustaria com perfeição ao nosso sonho de fundir tecnologia e expressão artística, de combinar a invenção ao uso criativo de novos veículos de comunicação.

Antes do jantar, passeamos por sua famosa coleção de arte ao ar livre, a qual, durante o dia, transforma-se no Museu ao Ar Livre Hakone. No jantar com o senhor e a senhora Shikanai, juntou-se a nós o secretário particular dele, que, muito significativamente, falava um inglês perfeito; os Shikanais não falavam uma palavra de inglês. Wiesner deu início à conversação, expressando seu grande interesse pela obra de Alexander Calder e contando sobre a experiência do MIT e sobre sua experiência pessoal com aquele grande artista. O secretário ouviu a história e, em seguida, traduziu-a do começo ao fim para os ouvidos atentos do senhor Shikanai. Terminado o relato, este último refletiu, fez uma pausa, ergueu os olhos em nossa direção e emitiu um "Ohhhh" digno de um xogum.

O secretário pôs-se então a traduzir: "O senhor Shikanai está dizendo que está também muito impressionado com a obra de Calder e que fez suas mais recentes aquisições...". Mas, espere um pouco: de onde saiu tudo isso?

O mesmo episódio repetiu-se durante quase todo o jantar. Wiesner dizia alguma coisa, o secretário traduzia e a resposta era sempre mais ou menos um "Ohhhh" cuja tradução resultava numa longa explicação. Naquela noite eu disse a mim mesmo: se quero de fato fazer um computador pessoal, ele terá de ser tão bom quanto o secretário do senhor Shikanai. Terá de ser capaz de expandir e contrair sinais, e de o ser pelo fato de conhecer a mim e a meu ambiente tão bem que eu, com freqüência, poderei ser literalmente redundante.

A melhor metáfora que posso conceber para uma interface homem-máquina é a de um bem treinado mordomo inglês. O "agente" atende ao telefone, reconhece aqueles com quem está falando, chama você somente quando há necessidade e pode até contar uma mentirinha em seu benefício. Ademais, possui ótima noção de *timing*, sabe encontrar os momentos oportunos e respeita suas idiossincrasias. As pessoas que conhecem o mordomo levarão considerável vantagem sobre os estranhos. E isso é ótimo.

De agentes humanos assim muito poucas pessoas dispõem. Um papel desse tipo mais amplamente disseminado e desempenhado é o da secretária num escritório. Se você tem alguém que lhe conhece bem e compartilha da maioria das informações de que você dispõe, essa pessoa pode agir em seu nome com bastante eficiência. Se sua secretária adoece, não faria a menor diferença a agência de empregos mandar Albert Einstein para substituí-la. O que importa aqui não é o QI, mas o conhecimento compartilhado e a prática de utilizá-lo de acordo com seu interesse.

Até recentemente, a idéia de implantar esse tipo de funcionalidade num computador era um sonho tão inatingível que ninguém a levava a sério. Isso está mudando depressa. Hoje, há gente suficiente acreditando que esses "agentes de interface" são viáveis. Por essa razão, esse interesse represado por agentes inteligentes tornou-se o ramo de pesquisa mais em voga no desenho de interfaces homem-máquina. Ficou evidente que as pessoas desejam delegar mais tarefas e preferem manipular menos os computadores.

A idéia é construir substitutos dos computadores que possuam certa quantidade de conhecimento tanto sobre um assunto (um processo, uma área de interesse, um modo de operar) quanto sobre você e sua relação com esse assunto (seus gostos, inclinações, as pessoas que você conhece). Ou seja, o computador deve possuir uma dupla especialidade, como um cozinheiro, um jardineiro e um motorista utilizando os conhecimentos que têm para atender aos gostos e necessidades do patrão em matéria de comida, jardinagem e locomoção. Delegar tais tarefas não significa que você não goste de cozinhar, plantar ou dirigir: significa que você tem a opção de só fazer essas coisas quando tem vontade, de fazê-las porque quer, e não por obrigação.

Assim é também com o computador. Eu não tenho o menor interesse em acessar um sistema e ficar examinando protocolos para descobrir seu endereço na Internet. Eu só quero mandar minha mensagem para você. Do mesmo modo, não quero ter de ler milhares de boletins a fim de me certificar de que não estou perdendo alguma coisa. Quero é que meu agente de interface o faça por mim.

Os mordomos digitais serão numerosos, vivendo tanto na rede quanto a seu lado, no centro e na periferia de sua própria companhia (seja ela grande ou pequena).

Vivo contando às pessoas sobre o *pager* [bip] inteligente que tenho e adoro: sobre como ele apresenta, em frases completas de um inglês perfeito, apenas informações relevantes e no momento certo, sobre seu comportamento inteligente. Ele funciona da seguinte maneira: um único ser humano possui seu número, de modo que todas as mensagens passam por essa pessoa, que sabe onde estou, sabe o que é importante e conhece meus conhecidos (e seus agentes). A inteligência está na cabeça do sistema, e não na periferia, não no *pager* em si.

Mas deveríamos dispor de inteligência também na ponta receptora. Recentemente recebi a visita do executivo-chefe de uma grande companhia, acompanhado de seu assistente, o qual levava consigo o *pager* do executivo e transferia a seu chefe mensagens nos momentos mais oportunos. Tais funções do assistente, seu tato, seu *timing* e sua discrição, serão no futuro implantados no próprio *pager*.

FILTROS PESSOAIS

Imagine um jornal eletrônico entregue em sua casa sob a forma de bits. Suponha que ele seja enviado para um monitor mágico, flexível, luminoso, leve, sem fio, à prova d'água e da espessura de uma folha de papel. É provável que sua interface se valha dos anos de experiência da humanidade na confecção de manchetes e layouts, empregando recursos tipográficos, imagens e toda uma gama de técnicas para auxiliar a folheá-lo. Se bem feito, tal jornal será decerto um veículo magnífico de informação; se mal feito, será um inferno.

Mas há outra maneira de se contemplar um jornal: como uma interface com a notícia. Em vez de fazê-lo ler aquilo que outras pessoas acham que é notícia e julgam digno de ser publicado, a vida digital vai mudar o modelo econômico da seleção de notícias, atribuindo papel maior aos interesses de cada leitor e, na verdade, utilizando sobras da sala de edição que não tinham tanto apelo.

Imagine um futuro no qual seu agente de interface vai poder ler todos os jornais e captar todos os noticiários de TV e rádio do planeta, construindo a partir daí um sumário personalizado para você. Esse tipo de jornal terá uma tiragem de uma única cópia.

Um jornal é lido na segunda-feira de manhã de maneira completamente diferente do que no domingo à tarde. Às sete da manhã de um dia de trabalho, você folheia o jornal como um modo de filtrar a informação e personalizar um conjunto comum de bits enviados a centenas de milhares de pessoas. A maioria delas tende a jogar no lixo seções inteiras sem olhar, dando uma folheada no resto e lendo muito pouco com atenção.

Mas e se uma empresa jornalística se dispusesse a colocar todo o seu pessoal à sua disposição para cada edição do jornal?

Tal edição misturaria manchetes de grande repercussão com matérias ''menos importantes'' sobre pessoas que você conhece, que você vai ver amanhã, e sobre lugares para os quais você está para ir ou dos quais acabou de voltar. Um jornal assim traria reportagens sobre companhias que você conhece. Na realidade, sob tais condições, você poderia até se dispor a pagar mais por dez do que por cem páginas do *Globe* de Boston, contanto que você confie em que o jornal esteja lhe entregando o subconjunto certo de informações. Desse jornal, você consumiria cada bit (ou, literalmente, cada pedacinho). Pode chamá-lo de *Minha Gazeta*.

No domingo à tarde, porém, nós poderemos saborear o jornal de um modo mais fortuito, aprendendo sobre coisas nas quais nem sabíamos que estávamos interessados, sendo desafiados pelas palavras cruzadas, dando boas risadas com Art Buchwald e encontrando pechinchas nos classificados. Essa é a *Nossa Gazeta*. A última coisa que você vai querer numa tarde chuvosa de domingo é um nervoso agente de interface tentando remover o material aparentemente irrelevante.

O que temos aqui não são dois estados diferentes, preto e branco. Nós tendemos a alterná-los e, dependendo da nossa disponibilidade de tempo, da hora do dia e do nosso humor, vamos querer um grau maior ou menor de personalização. Imagine as matérias sendo mostradas a você por um monitor dotado de um botão que, feito um botão de volume, permita ligar e desligar a personalização. Você poderia ter uma série de controles desse tipo, até mesmo um que se movesse da esquerda para a direita — tanto literal quanto politicamente — e modificando o enfoque dado a notícias de interesse público.

Esses controles modificam sua janela para as notícias tanto em termos de tamanho quanto de enfoque editorial. Num futuro distante, os agentes de interface vão ler, ouvir e examinar cada matéria em sua totalidade. Num futuro próximo, o processo de filtragem será feito por intermédio dos cabeçalhos, aqueles bits que informam sobre outros bits.

CUNHADAS DIGITAIS

O fato de a *TV Guide* ter sabidamente lucros maiores do que os das quatro redes americanas de televisão reunidas sugere que o valor da informação sobre a informação pode ser maior do que o da informação por si só. Quando pensamos numa nova maneira de transmitir informações, tendemos a restringir nossas idéias a conceitos como o da "olhadela" e do "navegar pelos canais". Tais conceitos são, na verdade, descabidos. Com mil canais, se você se põe a surfar de estação em estação, permanecendo apenas três segundos em cada uma, levará quase uma hora para que dê uma espiada em todos. Um programa estaria terminado muito antes de você conseguir se decidir se ele é ou não o mais interessante.

Quando quero ir ao cinema, em vez de ler as críticas, consulto minha cunhada. Todos nós temos alguém que é especialista em cinema e, ao mesmo tempo, em nós também. O que precisamos construir é uma cunhada digital.

De fato, o conceito de "agente" incorporado à idéia de nos ajudarmos uns aos outros é, com freqüência, um conceito no qual a especialização encontra-se mesclada a um conhecimento da sua pessoa. Um bom agente de viagens funde o conhecimento que tem de hotéis e restaurantes ao conhecimento que tem de você (em geral adquirido a partir do que você achou de outros hotéis e restaurantes). Um corretor de imóveis constrói um modelo de seu cliente baseado numa sucessão de casas que o agradaram em maior ou menor grau. Imagine, então, um agente que responda às chamadas telefônicas, um agente que selecione notícias ou outro que gerencie sua correspondência eletrônica. O que todos eles têm em comum é essa capacidade de construir um modelo de você.

Não é apenas uma questão de preencher um formulário ou dispor de um perfil fixo. Os agentes de interface precisam aprender e evoluir ao longo do tempo, como nossos amigos e assistentes humanos. Falar é fácil, mas fazer isso é outra história. Apenas muito recentemente começamos a pôr as mãos em modelos de computadores capazes de aprender sobre as pessoas.

Quando falo sobre agentes de interface, perguntam-me sempre: "Você quer dizer inteligência artificial?". A resposta, claro, é "sim". Mas a pergunta carrega dúvidas implícitas, levantadas por falsas esperanças e promessas exageradas quanto à inteligência artificial no passado. Além disso, muita gente ainda não se sente muito à vontade com a idéia de que as máquinas venham a ser inteligentes.

Em geral, considera-se que foi Alan Turning o primeiro a propor máquinas inteligentes a sério, num artigo de 1950 intitulado "O computador e a inteligência". Depois, outros pioneiros tais como Marvin Minsky levaram adiante o profundo interesse de Turning por inteligência artificial pura. As perguntas que eles se fazem dizem respeito ao reconhecimento de contextos, ao entendimento da emoção, à capacidade de apreciar o humor e de alternar de um conjunto de metáforas para outro. Por exemplo: quais as letras seguintes de uma seqüência que principia com *U*, *D*, *T*, *Q*, *C*?

Penso que a inteligência artificial sofreu uma guinada para pior por volta de 1975, quando os recursos de processamento começaram a desfrutar do tipo de poder que seria necessário para resolver problemas intuitivos e exibir um comportamento inteligente. O que aconteceu foi que os cientistas de repente optaram por aplicativos bastante exeqüíveis e comercializáveis, como a robótica e os sistemas especialistas (ou seja, de compra e venda de ações e de reservas de passagens aéreas), deixando intocadas as questões mais profundas e básicas da inteligência e do aprendizado.

Minsky é o primeiro a chamar a atenção para o fato de que, embora os computadores atuais sejam capazes de exibir uma compreensão excepcional do sistema de reservas de passagens aéreas (um assunto quase acima de toda e qualquer lógica), eles não conseguem mostrar o bom senso que possui uma criança de três ou quatro anos. Não sabem a diferença entre um cachorro e um gato. Questões como a do bom senso estão agora começando a avançar lá do fundo para o centro do palco da pesquisa científica, o que é muito importante, pois um agente de interface desprovido de bom senso seria um horror.

A propósito: a resposta para a pergunta formulada acima é *S*, *S*. A seqüência é definida pelas primeiras letras das palavras que você pronuncia ao contar: Um, Dois, Três, Quatro etc.

DESCENTRALIZAÇÃO

Esse agente de interface do futuro é amiúde encarado como uma máquina central e onisciente de características orwellianas. Um resultado bem mais provável é que ele se componha de uma coletânea de programas de computador e aplicativos pessoais, todos eles muito bons em alguma coisa e ótimos em matéria de intercomunicação. Baseio-me aqui no livro de Minsky *The society of mind* (1987), no qual ele postula que a inteligência não estará num processador central, mas no comportamento coletivo de um grande grupo de máquinas de usos mais específicos e altamente interconectadas.

Esse ponto de vista choca-se com uma série de preconceitos que Mitchel Resnick, em seu livro *Turtles, termites and traffic jams*, de 1994, chama de o "pensamento centralizador". Nós estamos todos bastante condicionados a atribuir fenômenos complexos a algum tipo de agente controlador. É comum supormos, por exemplo, que o pássaro à frente de um bando voando em *V* é o que está no comando, e que os outros estão brincando de siga o mestre. Não é assim. A formação ordenada é o resultado de uma série de processadores de alta resposta que se comportam de forma individualizada e seguem regras harmoniosas, sem que haja um comandante. Resnick demonstra sua tese criando situações nas quais as pessoas surpreendem-se fazendo parte de um tal processo.

Há pouco tempo, participei de uma dessas demonstrações de Resnick no auditório Kresge do MIT. O público, cerca de 1200 pessoas, foi solicitado a bater palmas, e a tentar fazê-lo em uníssono. Sem o menor comando por parte de Resnick, e em menos de dois segundos, a sala inteira pôs-se a bater palmas a um só tempo. Faça você mesmo a experiência; o resultado poderá ser espantoso, mesmo com grupos bem menores. A surpresa demonstrada pelos participantes revela em que pouca medida nós entendemos ou mesmo reconhecemos o surgimento da coerência a partir da atividade de agentes independentes.

Isso não significa dizer que o agente responsável pelo seu calendário vai começar a planejar reuniões sem consultar seu agente de viagens. Contudo, nem toda comunicação ou decisão precisa retornar a uma autoridade central em busca de permissão, o que pode ser uma péssima maneira de gerenciar um sistema de reserva de passagens aéreas, mas constitui um método visto cada vez mais como viável no gerenciamento de governos e organizações. Uma estrutura descentralizada e dotada de alto grau de intercomunicação apresenta flexibilidade bem maior, e maior probabilidade de sobrevivência. Ela será decerto mais sustentável, e é mais provável que evolua ao longo do tempo.

Por muito tempo, a descentralização foi algo plausível como conceito, mas impossível de se implementar. O efeito dos aparelhos de fax sobre os acontecimentos na praça da Paz Celestial oferece um exemplo irônico, pois ferramentas descentralizadas e de popularidade recente foram invocadas precisamente quando o governo estava tentando reafirmar sua elite e seu controle centralizado. A Internet proporciona um canal mundial de comunicação que fustiga toda forma de censura e floresce sobretudo em países como Cingapura, onde a liberdade de imprensa é um fenômeno marginal e as redes onipresentes.

Os agentes de interface vão se descentralizar à maneira da informação e das organizações. Assim como o comandante de um exército manda à frente um espião ou um xerife envia uma patrulha, você despachará agentes para coletar informação por você. E os agentes despacharão outros agentes. O processo se multiplica. Mas lembre-se de onde ele começou: começou na interface à qual você delegou seus desejos, em vez de mergulhar você mesmo na World Wide Web.

Esse modelo de futuro é nitidamente diferente daquela abordagem do desenho de interface baseado em fatores humanos. O aspecto e o jeito da interface com certeza contam, mas desempenham papel menor, se comparados à inteligência. Na verdade, uma das interfaces mais amplamente utilizadas será aquele buraquinho minúsculo (um ou dois) no plástico ou no metal, através do qual sua voz chega a um pequeno microfone.

É muito importante também que se veja esse conceito do agente de interface como algo bastante diferente do furor atual com relação à Internet e da navegação por ela com o Mosaic. Os *hackers* da Internet podem surfar à vontade, explorar enormes quantidades de informação e comprazer-se de todas as novas formas de sociabilidade. Esse fenômeno de notável propagação não vai diminuir ou desaparecer, mas constitui apenas um dos comportamentos possíveis — mais aparentado à manipulação direta do que à delegação de tarefas.

Nossas interfaces serão variadas. A sua será diferente da minha, em função de nossas respectivas predileções no tocante à informação, de nossos hábitos de entretenimento e de nosso comportamento social — todos esses, fatores extraídos da vasta paleta da vida digital.

A VIDA DIGITAL

13

A ERA DA PÓS-INFORMAÇÃO

PARA ALÉM DA DEMOGRAFIA

Discute-se tanto e há tanto tempo a transição da era industrial para uma era pós-industrial ou da informação que é possível que não tenhamos notado que estamos passando para uma era da pós-informação. A era industrial, fundamentalmente uma era dos átomos, deu-nos o conceito de produção em massa e, com ele, economias que empregam operários uniformizados e métodos repetitivos na fabricação de um produto num determinado espaço ou tempo. A era da informação e dos computadores mostrou-nos as mesmas economias de escala, mas menos preocupadas com o espaço e o tempo. A confecção de bits poderia se dar em qualquer lugar e a qualquer tempo, movendo-se, por exemplo, entre as bolsas de valores de Nova York, Londres e Tóquio, como se tais mercados fossem três máquinas-ferramentas adjacentes.

Na era da informação, os meios de comunicação de massa tornaram-se simultaneamente maiores e menores. Novas formas de transmissão televisiva como a CNN e a *USA Today* atingiram públicos maiores, ampliando ainda mais a difusão. Revistas especializadas, videocassetes e serviços por cabo deram-nos exemplos de *narrowcasting*, atendendo a grupos demográficos pequenos. Assim, os meios de comunicação se tornaram maiores e menores a um só tempo.

Na era da pós-informação, o público que se tem é, com freqüência, composto de uma única pessoa. Tudo é feito por encomenda, e a informação é extremamente personalizada. Uma teoria amplamente difundida afirma que a individualização é a extrapolação do *narrowcasting* — parte-se de um grupo grande para um grupo pequeno; depois, para um grupo menor ainda; por fim, chega-se ao indivíduo. Quando você tiver meu endereço, meu estado civil, minha idade, minha renda, a marca do meu carro, a lista das compras que faço, o que costumo beber e quanto pago de imposto, você terá a mim: uma unidade demográfica composta de uma só pessoa.

Essa argumentação, entretanto, ignora a diferença fundamental existente entre a transmissão voltada para grupos específicos de interesse — ou seja, o *narrowcasting* — e âmbito digital. Sendo digital, eu sou eu mesmo, e não um subconjunto estatístico. Ser eu mesmo é algo que pressupõe informações e acontecimentos desprovidos de qualquer significado demográfico ou estatístico. Onde mora minha sogra, com quem jantei a noite passada, e a que horas meu vôo parte para Richmond esta tarde são dados que não possuem qualquer correlação ou base estatística que possa dar origem a serviços apropriados de *narrowcasting*.

E, no entanto, essas informações que dizem respeito somente a mim conduzem a que eu possa querer receber notícias sobre uma obscura cidadezinha, uma pessoa não tão famosa e (para hoje, especificamente) a previsão do tempo no estado da Virgínia, onde fica Richmond. A demografia tradicional não alcança o indivíduo digital. Imaginar a era da pós-informação em termos de uma demografia infinitesimal ou de uma programação ultradirecionada é algo tão personalizado quanto esses restaurantes em que você escolhe os ingredientes de sua pizza numa lista limitada.

A verdadeira personalização é tarefa nossa. Não se trata apenas de, um dia, ter preferido calabresa a champignon. A era da pós-informação tem a ver com o conhecimento paulatino: máquinas entendendo indivíduos com o mesmo grau de sutileza (ou mais até) que esperamos de outros seres humanos, incluindo-se aí as idiossincrasias (como usar sempre uma camisa com listras azuis) e os acontecimentos aleatórios, os bons e os maus, da história ainda em curso de nossas vidas.

Dou alguns exemplos. Informada pelo agente da loja de bebidas, a máquina poderia chamar sua atenção para uma oferta de determinado Chardonnay ou certa marca de cerveja que, ela sabe, os convidados para o jantar de amanhã à noite gostaram muito da última vez. Ela poderia lembrá-lo de deixar o carro em alguma loja de pneus nas proximidades do lugar para onde você está indo, pois o carro avisou-a que precisa de pneus novos. E a máquina poderia também recortar para você uma matéria sobre um novo restaurante, pois ele fica na cidade para onde você vai viajar daqui a dez dias e, no passado, você parece já ter concordado com as opiniões do autor da matéria. Tudo isso baseia-se num modelo da sua pessoa como indivíduo, e não como membro de um grupo de compradores em potencial de certa marca de sabonete ou pasta de dente.

UM LUGAR FORA DO ESPAÇO

Do mesmo modo como o hipertexto remove as barreiras da página impressa, a era da pós-informação vai remover as barreiras da geografia. A vida digital exigirá cada vez menos que você esteja num determinado lugar em determinada hora, e a transmissão do próprio lugar vai começar a se tornar realidade.

Se, da janela eletrônica da minha sala de estar, eu pudesse de fato ver os Alpes, ouvir os cincerros e sentir o cheiro (digital) do estrume no verão, eu poderia, de certo modo, dizer que estou na Suíça. Se, em vez de ir trabalhar levando meus átomos para o centro da cidade, eu acessar meu escritório e fizer meu serviço por via eletrônica, qual será meu local de trabalho?

No futuro, vamos dispor da tecnologia necessária em termos de telecomunicações e realidade virtual para que um médico em Houston faça uma delicada operação num paciente no Alasca. No curto prazo, porém, um neurocirurgião a operar o cérebro de um paciente vai precisar estar na mesma sala de operação em que se encontra o tal cérebro, e ao mesmo tempo; muitas atividades, como as dos chamados profissionais especializados, não apresentam essa mesma dependência do tempo e do espaço, razão pela qual serão desacopladas bem mais cedo da geografia.

Hoje em dia, escritores e financistas acham perfeitamente viável e bem mais atraente preparar seus originais ou gerenciar seu capital em algum lugar do Caribe ou do Pacífico Sul. Contudo, alguns países, como o Japão, levarão mais tempo para se libertar dessa dependência do tempo e do espaço, pois sua cultura resiste a essa tendência. (Uma das razões pelas quais o Japão, por exemplo, não adota o horário de verão é o fato de os japoneses considerarem necessário voltar do trabalho "depois de escurecer"; eles procuram não chegar no trabalho depois do chefe nem ir embora antes dele.)

Considerando-se que, na era da pós-informação, você pode morar e trabalhar num único local ou em lugares diferentes, o conceito de "endereço" adquire um novo significado.

Se você tem uma conta na America Online, na Compuserve ou na Prodigy, sabe qual é seu endereço eletrônico, mas não sabe onde é que ele tem sua existência física. No caso da America Online, seu endereço Internet será sua identificação seguida de @aol.com — o que vale em qualquer lugar do mundo. Não é só você que não sabe onde fica esse @aol.com: quem quer que envie uma mensagem para esse endereço tampouco fará a menor idéia de onde ele ou você está. O endereço torna-se mais parecido com o número da carteira de identidade do que com um nome de rua. Trata-se de um endereço virtual.

No meu caso, eu sei onde meu endereço — @hq.media.mit.edu — se encontra fisicamente: numa máquina HP/Unix de dez anos de idade que fica num gabinete próximo do meu escritório. Mas, quando as pessoas me enviam mensagens, elas as mandam para mim, e não para o tal gabinete. Podem deduzir que estou em Boston (o que, em geral, não é verdade). Normalmente, estou num outro fuso horário, de modo que o que se tem não é apenas uma mudança de espaço, mas de tempo também.

SER ASSÍNCRONO

Uma conversa frente a frente ou ao telefone acontece em tempo real e de forma síncrona. Por ironia, nós a iniciamos na maioria das vezes para que haja uma troca de informações que, em si, não requer nenhuma sincronia e, portanto, poderia também se dar mediante uma transmissão de mensagens que não estivesse em tempo real. Historicamente, a comunicação assíncrona, assim como as cartas que escrevemos, tem tendido a uma modalidade mais formal e menos espontânea de intercâmbio. Graças ao correio de voz e às secretárias eletrônicas, isso está mudando.

Tenho encontrado pessoas que afirmam não entender como é que elas (e nós todos) conseguiam viver sem secretárias eletrônicas em casa e sem correio de voz no escritório. A vantagem que ambos oferecem tem menos a ver com a voz e mais com a possibilidade de processar tais mensagens *off-line* e a qualquer momento. Em vez de se envolver uma pessoa sem necessidade numa conversa *on-line*, deixa-se uma mensagem. Na realidade, as secretárias eletrônicas funcionam um pouco às avessas: elas não deveriam ser ativadas apenas quando você não está ou não quer estar, mas, antes, responder a *todas* as chamadas, dando à pessoa do outro lado da linha a oportunidade de simplesmente deixar uma mensagem.

Um dos maiores atrativos do correio eletrônico, o *e-mail*, é que ele não nos interrompe como a conversa telefônica. Você pode cuidar dele nos momentos de lazer, razão pela qual pode até responder a mensagens que não teriam a menor possibilidade de atravessar as barreiras impostas ao telefone pelas secretárias das empresas.

O correio eletrônico vê hoje sua popularidade explodir porque constitui um veículo assíncrono e legível pelo computador. Esse último aspecto é particularmente importante, pois os agentes de interface empregarão esses bits para priorizar e entregar mensagens de acordo com sua importância. O remetente e o assunto das mensagens poderão determinar a ordem segundo a qual você as lerá — o que não difere em nada da filtragem feita hoje pelas secretárias, que passam direto para você uma chamada de sua filha de seis anos e deixam esperando o executivo-chefe da companhia XYZ. Mesmo num movimentado dia de trabalho, os *e-mails* pessoais podem ascender ao topo da lista.

Nem todas as nossas comunicações precisam ser imediatas e em tempo real. Somos constantemente interrompidos ou obrigados a ser pontuais por coisas que, na verdade, não merecem tanto imediatismo ou presteza. Somos forçados a obedecer a ritmos regulares não porque acabamos de jantar às 20h59, mas porque o programa de televisão vai começar dali a um minuto. Nossos bisnetos entenderão nossas idas ao teatro em horários fixos, para nos beneficiarmos da presença coletiva de atores humanos, mas não compreenderão a recepção síncrona dos sinais de televisão na privacidade de nossos lares — pelo menos até contemplarem o modelo econômico bizarro por trás disso.

POR ENCOMENDA

A vida digital envolverá muito pouca transmissão em tempo real. À medida que as transmissões televisivas forem se tornando digitais, os bits não apenas poderão ser deslocados no tempo com facilidade, como também não precisarão ser recebidos na mesma ordem ou à mesma velocidade segundo a qual serão consumidos. Por fibra ótica, será possível, por exemplo, transmitir uma hora de vídeo numa fração de segundo (algumas experiências atuais demonstram que o tempo necessário para transmitir uma hora de vídeo com qualidade VHS pode ser de não mais que um centésimo de um segundo). Ou, então, valendo-se de um fio fino ou uma estreita freqüência de rádio, você poderia utilizar seis horas durante a noite para transmitir dez minutos de um noticiário (personalizado) em vídeo. No primeiro caso, está-se inundando com bits seu computador; no segundo, ele está sendo carregado gota a gota.

A tecnologia sugere que a televisão e o rádio do futuro serão transmitidos de forma assíncrona, à exceção, talvez, dos eventos esportivos e das eleições. Isso se dará por encomenda ou mediante o chamado *broadcatching* — termo cunhado em 1987 por Stewart Brand, em seu livro sobre o Media Lab. *Broadcatching* significa a irradiação de uma série de bits, muito provavelmente uma série contendo uma vasta quantidade de informação, pelo éter ou por fibra; na ponta receptora, um computador apanha [*catch*] os bits, os examina e os descarta em sua maior parte, retendo apenas aqueles poucos que ele julga que você desejará consumir mais tarde.

A informação por encomenda dominará a vida digital. Nós solicitaremos, explícita ou implicitamente, tudo o que quisermos e quando o quisermos. Isso exigirá uma reestruturação radical da publicidade nos programas de TV.

Em 1983, quando inauguramos o Media Lab, as pessoas achavam pejorativa a palavra *mídia*, que representava uma via de mão única rumo ao mais baixo denominador comum da cultura americana. Mídia, com M maiúsculo, significava quase exclusivamente "meios de comunicação de massa". Um grande público traria muitos dólares em publicidade, os quais, por sua vez, financiariam produções de orçamentos altos. Justificava-se também a publicidade nos meios de comunicação de massa "pelo ar" com base no argumento de que a informação e o entretenimento deveriam chegar "de graça" ao telespectador, uma vez que o espectro é propriedade pública.

As revistas, por outro lado, empregam uma rede particular de distribuição e repartem seus custos entre anunciantes e leitores. Elas, porém, que constituem um veículo notadamente assíncrono, oferecem uma gama muito mais ampla de modelos econômicos e demográficos e podem, na verdade, vir a ser a estrela-guia para o futuro da televisão. A proliferação de publicações visando a mercados específicos não provocou necessariamente uma ruptura no conteúdo, mas deslocou para o assinante parte do fardo representado pelos custos. Algumas revistas especializadas não trazem um único anúncio.

Na mídia digital do futuro será mais freqüente o emprego do sistema pague-para-ver, e isso não apenas na base de tudo ou nada, mas, antes, à maneira dos jornais e revistas, cujo custo você reparte com os anunciantes. Em alguns casos, o consumidor poderá optar por receber o material sem os anúncios, mas a um preço maior. Em outros casos, os anúncios serão tão personalizados que não se poderá distingui-los das notícias. Eles serão notícia.

Os modelos econômicos da mídia atual baseiam-se quase exclusivamente em ''empurrar'' a informação e o entretenimento para o público. A mídia de amanhã terá tanto ou mais a ver com o ato de ''puxar'': você e eu acessaremos a rede e conferiremos o que há nela, da mesma forma como hoje fazemos numa biblioteca ou videolocadora. Isso poderá ser feito de forma explícita, ou seja, por nós mesmos, ou implícita, isto é, um agente o fará por nós.

O modelo baseado na encomenda e sem publicidade tornará a produção do conteúdo mais parecida com os filmes de Hollywood, envolvendo um risco bem maior, mas um retorno também alto. Haverá grandes fracassos e enormes sucessos. Produza e eles virão. Se for um sucesso, ótimo; se for um fracasso, péssimo, mas a Coca-Cola não estará necessariamente financiando o risco. Nesse sentido, as empresas de comunicação estarão apostando mais alto amanhã do que o fazem hoje. Mas haverá jogadores de menor porte também, apostando mais baixo e abocanhando fatias do público.

O ''nobre'' do horário nobre será a nossa opinião sobre ele, e não aquela de uma massa demográfica e abstrata de potenciais consumidores de um novo carro de luxo ou detergente para máquina de lavar pratos.

14
HORÁRIO NOBRE É O MEU

ALUGAM-SE BITS

Muita gente acredita que o vídeo por encomenda, VOD (*video-on-demand*), venha a ser a aplicação que financiará a superestrada da informação. O argumento é mais ou menos o seguinte. Digamos que uma videolocadora possua um acervo de 4 mil fitas. Suponha que 5% dessas fitas respondam por 60% das locações. O mais provável é que boa parte desses 5% seja de novos lançamentos. Estes representariam uma fatia ainda maior das locações, se disponíveis em um número maior de cópias.

Estudando-se esses hábitos na locação de fitas de vídeo, a conclusão óbvia a que se chega é a de que a maneira de se construir um sistema eletrônico de vídeo por encomenda seria oferecer apenas aqueles 5% de fitas mais procuradas, compostos sobretudo de novos lançamentos. Isso não seria apenas conveniente, mas ofereceria também uma prova palpável e conclusiva daquilo que alguns ainda consideram um experimento.

Do contrário, muito tempo e dinheiro seriam necessários para digitalizar boa parte ou a totalidade dos filmes feitos nos Estados Unidos por volta de 1990. Um tempo maior ainda levaria para digitalizar os 250 mil filmes da Biblioteca do Congresso, e não estou nem falando dos filmes europeus, das dezenas de milhares produzidos na Índia ou das 12 mil horas de telenovela que a Televisa produz por ano no México. A dúvida permanece: será que a maioria de nós quer mesmo ver apenas aqueles 5% mais procurados, ou seria esse fenômeno de massa determinado pelas velhas tecnologias de distribuição dos átomos?

A Blockbuster abriu seiscentas lojas novas em 1994 (ocupando uma área total de 465 mil metros quadrados), graças à energia empreendedora de seu fundador e ex-proprietário H. Wayne Huizenga, que afirmou que 87 milhões de lares americanos levaram quinze anos para abrigar um investimento de 30 bilhões de dólares em videocassetes, e que Hollywood aposta tão alto na venda de fitas para ele que não ousaria fazer contratos de vídeo por encomenda.

Eu não sei o que você acha, mas eu jogaria fora meu videocassete amanhã mesmo em troca de um sistema melhor. Para mim, a questão é decidir se é melhor carregar os átomos para casa (e de volta para a locadora) ou receber bits não retornáveis e que não exigem depósito algum. Com todo o devido respeito pela Blockbuster e por sua nova proprietária, a Viacom, eu penso que as videolocadoras sairão de cena em menos de dez anos.

O argumento de Huizenga é que a televisão do tipo pague-para-ver não funcionou, e, portanto, por que haveria de funcionar um sistema de vídeo por encomenda? O fato, porém, é que o aluguel de fitas de vídeo é um sistema do tipo pague-para-ver. Na verdade, o próprio sucesso da Blockbuster constitui uma prova de que esse sistema funciona. A única diferença por enquanto é que é mais fácil navegar por suas lojas, que alugam átomos, do que por um menu oferecendo bits para alugar. Isso, porém, está mudando depressa. Quando sistemas criativos baseados nos agentes de interface tornarem mais agradável a navegação eletrônica, aí então o vídeo por encomenda, ao contrário da Blockbuster, não vai se limitar a uns poucos milhares de títulos, mas possuirá um acervo literalmente ilimitado.

TELEVISÃO: QUALQUER COISA, A QUALQUER HORA, EM QUALQUER LUGAR

Alguns dos mais altos executivos de empresas telefônicas recitam o *jingle* "qualquer coisa, a qualquer hora, em qualquer lugar" como se fosse um poema à mobilidade moderna. Minha meta, porém (e suspeito que a sua também), é não ter "nada, nunca e em lugar nenhum", a não ser que se trate de algo oportuno, importante, divertido, relevante ou capaz de cativar minha imaginação. Na qualidade de paradigma para as telecomunicações, esse QQQ não me cheira nada bem. Mas trata-se de uma bela maneira de se pensar a televisão.

Quando ouvimos falar em mil canais de TV, tendemos a esquecer que, mesmo sem o auxílio do satélite, mais de mil programas já são transmitidos para nossas casas todos os dias, embora, por certo, o sejam nas horas mais diversas — e curiosas. Se incluirmos em nossa conta os mais de 150 canais de TV listados na *Satellite TV Week*, teremos um adicional de mais de 2700 programas disponíveis todo dia.

Se sua televisão pudesse gravar todos os programas transmitidos, você teria à sua disposição uma seleção cinco vezes maior do que a oferecida pela maneira maciça de pensar a superestrada da informação. Digamos que, em vez de guardar todos os programas, você mande seu agente de TV apanhar aqueles poucos que poderiam te interessar, para que você os veja mais tarde, a hora que quiser.

Se você, então, expandir essa TV QQQ para uma infraestrutura global de 15 mil canais, as mudanças quantitativas e qualitativas daí decorrentes serão muito interessantes. Alguns americanos podem querer ver a televisão espanhola, para aperfeiçoar seu espanhol; outros poderão acompanhar o canal 11 suíço, a cabo, para ver nudez germânica sem cortes (cinco da tarde, horário de Nova York), e os 2 milhões de americanos descendentes de gregos talvez achem interessante assistir a um dos três canais nacionais ou sete canais regionais da Grécia.

Mais interessante, talvez, é o fato de os britânicos dedicarem 75 horas por ano à cobertura de campeonatos de xadrez, ou de os franceses ficarem oito horas assistindo ao Tour de France. Os fãs americanos do xadrez e do ciclismo apreciariam ter acesso a esses eventos — a qualquer hora, em qualquer lugar.

A TELEVISÃO DE FUNDO DE QUINTAL

Se eu estivesse pensando em fazer uma visita à costa sudoeste da Turquia, talvez não encontrasse um documentário sobre Bodrum, mas poderia achar trechos de filmes sobre a construção de barcos de madeira, pesca noturna, antigüidades submarinas, o *baba ghanouj* e os tapetes orientais recorrendo a fontes tais como a *National Geographic*, a PBS, a BBC e centenas de outras. Esses trechos poderiam, então, ser alinhavados, formando uma matéria que atenderia à minha necessidade específica. O resultado final certamente não ganharia um Oscar de melhor documentário, mas não é isso o que importa.

O vídeo por encomenda pode dar vida nova aos documentários e até mesmo aos medonhos "infomerciais". Os agentes digitais de TV vão editar filmes num instante, à maneira de um professor confeccionando uma antologia a partir de capítulos de diferentes livros e de artigos extraídos de várias revistas. Advogados especializados em direitos autorais queiram, por favor, apertar seus cintos de segurança.

Na Internet, cada pessoa pode ser uma estação não autorizada de TV. Três milhões e meio de câmeras de videocassete foram vendidas nos Estados Unidos ao longo de 1993. Não se trata (graças a Deus) de cada filme caseiro vir a tornar-se um programa de horário nobre. Mas podemos agora pensar nos meios de comunicação de massa como algo bem maior do que a TV profissional e de altos custos de produção.

Os executivos das empresas de telecomunicações entendem a necessidade de levar a banda larga até as casas. O que não concebem é a necessidade de um canal de capacidade similar na direção oposta. Tal assimetria justifica-se a partir da experiência com os serviços interativos para computadores, os quais são às vezes oferecidos com uma largura de banda maior conduzindo até você e outra menor fazendo o caminho de volta. Isso ocorre porque, por exemplo, a maioria de nós digita muito mais lentamente do que lê, e reconhece imagens com rapidez maior do que aquela com que as desenha.

Essa assimetria inexiste nos serviços de vídeo. O canal precisa ter duas vias. Um exemplo óbvio é o da teleconferência, que vai se tornar um veículo de consumo bastante valioso para os avós ou, no caso dos casais divorciados, para aquele que não possui a custódia das crianças.

Isso é vídeo ao vivo. Agora pense no vídeo gravado. Num futuro próximo, indivíduos vão poder oferecer serviços eletrônicos de vídeo do mesmo modo como hoje 57 mil americanos oferecem serviços de BBS. Tem-se aí uma paisagem para a televisão do futuro que está começando a se parecer com a Internet, com uma população de pequenos produtores de informação. Dentro de poucos anos, você vai poder aprender a fazer cuscuz com Julia Child ou com uma dona de casa marroquina. E poderá descobrir vinhos com Robert Parker ou com um taberneiro borgonhês.

A TOPOLOGIA DE UM PLANETA QUE ENCOLHE

Hoje, são quatro os caminhos eletrônicos que conduzem à sua casa: o telefone, o cabo, o satélite e a radiodifusão. As diferenças que apresentam têm mais a ver com topologia do que com modelos econômicos distintos. Se quero transmitir um mesmo bit para cada lar americano continental simultaneamente, é óbvio que devo empregar um único satélite cujo alcance se estenda da costa leste à oeste. Essa seria a topologia mais lógica, comparada, por exemplo, à transmissão daquele bit para cada uma das 22 mil centrais telefônicas dos Estados Unidos.

Por outro lado, em se tratando de noticiário ou publicidade regional, a radiodifusão funciona bem e o cabo ainda melhor. Se decido qual veículo usar baseado única e exclusivamente na topologia, vou colocar o Super Bowl via satélite e uma versão interativa e personalizada do *Wall Street Week* via rede telefônica. O caminho da transmissão — por satélite, via terrestre, cabo ou telefone — pode ser decidido em função de sua adequação a um determinado tipo de bit.

Contudo, na "vida real" — como as pessoas gostam de me dizer (como se eu vivesse num mundo irreal) —, cada canal busca aumentar seus lucros, com freqüência prestando-se ele próprio a fazer o que faz pior.

Algumas operadoras de satélites estacionários, por exemplo, estão pensando em oferecer serviços de rede ponto a ponto com base terrestre. Comparada a uma rede telefônica, essa alternativa realmente não faz muito sentido, a não ser que você esteja num lugar que está tentando vencer obstáculos geográficos ou políticos, como um arquipélago ou um país sob censura. Do mesmo modo, enviar o Super Bowl por cada sistema terrestre, a cabo ou de telefone, é uma maneira complicada de mandar seus bits para todo mundo ao mesmo tempo.

De maneira gradual mas inevitável, os bits vão migrar na hora certa para o canal mais adequado. Se quero assistir ao Super Bowl do ano passado, chamá-lo por telefone será a maneira lógica de fazê-lo (em vez de ficar esperando que alguém o retransmita para mim). Terminado o jogo, o Super Bowl transforma-se em dados de arquivo, demandando um canal muito diferente do que aquele utilizado para transmiti-lo "ao vivo".

Cada canal de transmissão possui suas próprias anomalias. Na transmissão de uma mensagem de Nova York a Londres via satélite, o sinal percorrerá uma distância superior em pouco mais de três quilômetros àquela que percorreria se seu destino fosse Newark. Isso sugere que, dentro da área coberta por um satélite qualquer, uma chamada telefônica da Madison para a Park Avenue talvez custe o mesmo do que outra do Times Square para Picadilly Circus.

A fibra ótica vai fazer com que o preço da transmissão de bits seja também repensado. Quando um único tronco carrega bits de Nova York para Los Angeles, não se sabe ao certo se transportá-los para tão longe é mais ou menos custoso do que despachá-los pelo sistema capilar de uma rede telefônica de subúrbio, passando por inúmeras centrais diferentes.

No mundo digital, as distâncias significam cada vez menos. Na verdade, um usuário da Internet nem sequer se lembra que elas existem. Nela, as distâncias freqüentemente parecem funcionar ao contrário. Eu quase sempre recebo respostas mais rápidas de lugares distantes do que daqueles que estão próximos de mim, pois o fuso horário diferente permite às pessoas responder enquanto estou dormindo, dando a impressão de que elas estão mais próximas.

Quando um sistema de transmissão mais parecido com a Internet é utilizado no mundo do entretenimento, o planeta se transforma numa só máquina de comunicação. As casas hoje equipadas com antenas parabólicas sentem já o gostinho da gama mais ampla de programas à sua disposição, sem quaisquer barreiras geopolíticas. O problema é como lidar com essa variedade.

SINAIS CONSCIENTES DE SI MESMOS

A melhor maneira de se lidar com uma enorme quantidade de programas de televisão é não fazer nada: deixe que um agente o faça.

Os computadores do futuro decerto serão capazes de compreender uma narrativa em vídeo da mesma forma que você ou eu, mas, ao longo dos próximos trinta anos, esse entendimento ficará restrito a áreas bastante específicas, tais como o reconhecimento de rostos pelos caixas eletrônicos. Isso está muito distante da possibilidade de um computador depreender pelo vídeo que Seinfeld acaba de perder outra namorada. Assim, nós precisamos daqueles bits que descrevem a narrativa por intermédio de palavras-chave, precisamos de dados sobre o conteúdo e de referências cruzadas.

Nas próximas décadas, os bits que descrevem outros bits, os índices e os sumários vão proliferar na transmissão digital. Eles serão inseridos pelo homem com o auxílio das máquinas, e o serão ou quando do lançamento do produto (como as legendas de hoje) ou mais tarde (pelos espectadores e pelos críticos). O resultado será uma série de bits contendo tantos cabeçalhos que seu computador será de fato capaz de ajudá-lo a lidar com a vastidão do conteúdo.

No futuro, meu videocassete me dirá quando eu chegar em casa: ''Nicholas, enquanto você esteve fora, eu vi 5 mil horas de televisão e gravei seis segmentos para você, totalizando quarenta minutos. Seu colega de ginásio apareceu no *Today*, houve um documentário sobre as ilhas Dodecaneso etc''. O videocassete fará isso examinando os cabeçalhos.

Esses mesmos bits-cabeçalhos funcionarão muito bem para a publicidade também. Se você está atrás de um carro novo, poderá assistir apenas a comerciais de carros a semana inteira. Ademais, as fábricas de automóveis podem embutir informação local, regional e nacional nos cabeçalhos, de modo que a liqüidação que a revendedora do seu bairro está fazendo estará lá também. Tem-se aí algo que pode ser expandido para um canal inteiro só de comerciais, e um canal que, ao contrário dos canais de compras de hoje, vende somente aquilo que você está querendo, em vez de anéis de zircônio.

Os bits que informam sobre bits vão produzir uma mudança completa nas transmissões televisivas. Eles proporcionarão um gancho por onde agarrar o que for do seu interesse, e dotarão a rede de um meio de despachar bits para quem quer que os queira, esteja onde estiver. As redes vão afinal aprender o que é de fato uma rede.

REDES E REDES

As redes de televisão e de computadores são quase o contrário uma da outra. Uma rede de televisão é uma hierarquia distributiva dotada de uma fonte (a origem do sinal) e muitos escoadouros homogêneos (o destino dos sinais).

As redes de computadores, por outro lado, formam uma treliça de processadores heterogêneos, todos eles podendo atuar como fontes e como escoadouros. São tão diferentes um do outro que seus projetistas nem sequer falam a mesma língua: a racionalidade de um é tão lógica para o outro quanto o fundamentalismo islâmico para um católico italiano.

Quando, por exemplo, você manda um *e-mail* pela Internet, sua mensagem é decomposta em pacotes e dotada de cabeçalhos contendo um endereço; os pedaços são despachados por uma variedade de caminhos e de processadores intermediários que retiram e acrescentam informação aos cabeçalhos até que, quase como num passe de mágica, a mensagem é afinal reordenada e reunida na outra ponta. A razão pela qual isso acaba funcionando é que cada pacote carrega consigo aqueles bits que informam sobre bits, e cada processador dispõe de meios para extrair informação sobre a mensagem de dentro da própria mensagem.

Quando os engenheiros de vídeo começaram a mexer com televisão digital, eles não tiveram uma aula sequer sobre o desenho das redes de computadores. Ignoraram a flexibilidade dos sistemas heterogêneos e os cabeçalhos recheados de informação. Em vez disso, puseram-se a discutir a resolução, o número de quadros por segundo, a razão de aspecto da imagem e o entrelaçamento, em lugar de permitir que tais elementos fossem variáveis. A doutrina da transmissão televisiva possui todos os dogmas do mundo analógico, mas apresenta-se quase inteiramente desprovida de princípios digitais tais como o da arquitetura aberta, o da escalabilidade e o da interoperabilidade. Isso vai mudar, mas essa mudança tem até agora ocorrido de forma bastante lenta.

O agente dessa mudança será a Internet, tanto literalmente quanto na condição de modelo ou metáfora. A Internet é interessante não apenas por ser uma vasta e onipresente rede global, mas também como um exemplo de algo que se desenvolveu sem a presença de um projetista de plantão e que manteve um formato muito parecido com aquele dos patos voando em formação: inexiste um comando e, até agora, todas as suas peças se ajustam de modo admirável.

Ninguém sabe quantas pessoas usam a Internet, e isso porque, em primeiro lugar, ela é uma rede de redes. Em outubro de 1994, era formada por mais de 45 mil redes, com um número de servidores superior a 4 milhões (e crescendo a uma razão de mais de 20% por trimestre), mas essa não é uma medida que possa nos ajudar a estimar o número de usuários. Basta que uma dessas máquinas atue como uma porta pública para, digamos, a Minitel francesa e, subitamente, tem-se um adicional de 8 milhões de usuários potenciais da Internet.

O estado de Maryland oferece acesso a ela a todos os seus habitantes, o mesmo acontecendo com a cidade italiana de Bolonha. É óbvio que nem todas essas pessoas utilizam a rede, mas, em 1994, de 20 a 30 milhões de pessoas aparentemente a estavam usando. Meu palpite é que 1 bilhão de pessoas estejam conectadas à Internet por volta do ano 2000. Baseio-o em parte no fato de que os lugares nos quais o número de seus nós mais cresceu (em termos percentuais) no terceiro trimestre de 1994 foram Argentina, Irã, Peru, Egito, Filipinas, a Federação Russa, a Eslovênia e a Indonésia (nessa ordem). Todos eles apresentaram um crescimento superior a 100% nesse período de três meses. A Internet, carinhosamente chamada de *Net*, não é mais americana. Trinta e cinco por cento de seus nós encontram-se fora dos Estados Unidos, e essa é a porção que está crescendo depressa.

Embora eu utilize a Internet todos os dias do ano, pessoas como eu são consideradas os caretas da rede. É que uso apenas o correio eletrônico. Usuários mais entendidos e os que dispõem de mais tempo navegam pela Internet como quem entra e sai das lojas de um shopping. E você de fato pode ir passando de uma máquina para outra, vendo vitrinas com o auxílio de ferramentas como o Mosaic ou mesmo cavalgando sem arreios (isto é, na unha). Pode também juntar-se a grupos de discussão em tempo real, os assim chamados MUDs, um termo cunhado em 1979 e que significa *Multi-User Dungeons* [masmorras multiusuário] (uma denominação que deixa algumas pessoas constrangidas, as quais protestam que a sigla na verdade significa *Multi-User Domains*, "domínios multiusuário"). Uma forma mais recente do MUD é o MOO (um MUD *object-oriented*, "orientado para o objeto"). Em certo sentido — muito próprio, aliás — os MUDs e os MOOs não são nem a casa nem o trabalho, mas um "terceiro lugar". Hoje em dia, algumas pessoas passam oito horas por dia nesse lugar.

No ano 2000, haverá mais gente se divertindo na Internet do que assistindo àquilo que hoje chamamos de redes de televisão. A Internet vai desenvolver-se para além dos MUDs e MOOs (que soam demasiado como um Woodstock da década de 1990, em formato digital) e começar a oferecer uma gama mais ampla de entretenimento.

A rádio Internet é decerto uma dica para o futuro. Mas mesmo ela é apenas a ponta do iceberg, pois, até agora, não se revelou muito mais do que um *narrowcasting* para um tipo específico de *hacker*, como o demonstra um de seus maiores programas de entrevistas, o Geek of the Week — o palhaço da semana.

A comunidade de usuários da Internet vai ocupar o centro da vida cotidiana. Sua demografia vai ficar cada vez mais parecida com a do próprio mundo. Como a Minitel francesa e a Prodigy americana aprenderam, a maior aplicação isolada das redes é o *e-mail*. O valor real de uma rede tem menos a ver com informação do que com vida comunitária. A superestrada da informação é mais do que um atalho para o acervo da Biblioteca do Congresso. Ela está criando um tecido social inteiramente novo e global.

15
BOAS CONEXÕES

SER DIGITAL NÃO É O BASTANTE

Quando você lê esta página, seus olhos e cérebro convertem a palavra impressa em sinais que você é capaz de processar e reconhecer como letras e palavras dotadas de significado. Se você fosse enviá-la por fax, o scanner da máquina de fax geraria um mapa preciso dela, linha por linha, com uns e zeros representando o preto e o branco da presença ou ausência de tinta. A fidelidade da página digitalizada para com o original irá variar de acordo com a precisão da varredura. Contudo, independentemente da precisão com que a sua máquina de fax lê o texto, o fax propriamente dito será, no fim, nada mais do que uma imagem da página — ou seja, não letras e palavras, mas pixels.

Para que o computador interprete o conteúdo dessa imagem, ele precisará efetuar um processo de reconhecimento semelhante àquele que ocorre em você. Terá de converter pequenas áreas de pixels em letras e, depois, estas em palavras. Isso inclui solucionar problemas como o de distinguir a letra O do dígito 0, diferenciar uma mancha de café de uma ilustração e ser capaz de fazer tais distinções em um cenário de ruídos — a sujeira ocasionada pelos processos de varredura ou transmissão.

Feito isso, sua representação digital não será mais uma imagem, e sim um conjunto de dados estruturado sob a forma de letras, em geral codificado segundo a representação binária chamada ASCII (*American Standard Code for Information Interchange*, "código americano padrão para o intercâmbio de informações") e contendo ainda alguns dados adicionais acerca do tipo utilizado e seu layout na página. Essa diferença fundamental entre fax e ASCII aplica-se também a outros veículos.

Um CD é um "fax auditivo". São os dados digitais que nos permitem a compressão, a correção de erros e o controle do sinal acústico, mas não são eles que respondem pela estrutura musical. Seria muito difícil, por exemplo, eliminar o piano, substituir um cantor ou alterar a localização espacial dos instrumentos da orquestra. A diferença radical entre o fax auditivo e uma representação mais estruturada da música foi observada oito anos atrás por Mike Hawley, à época um estudante e hoje membro do corpo docente do MIT, além de talentoso pianista.

Os estudos que Hawley fez para seu doutorado incluíram um trabalho com um piano Bösendorfer especialmente preparado, capaz de gravar o tempo de ativação de cada martelo e a velocidade com a qual ele atinge a corda. Além disso, as teclas são todas motorizadas, de modo que podem reproduzir a música tocada com um desempenho quase perfeito. Pense nisso como um teclado digitalizador bastante preciso acoplado ao piano mais caro e de mais alta resolução do mundo. Recentemente, a Yamaha lançou uma versão de baixo custo desse mesmo equipamento.

Hawley estudou o problema de como armazenar mais de uma hora de música num CD. A indústria está atacando esse mesmo problema de dois modos bastante distintos. O primeiro deles é mudar o raio laser de vermelho para azul, diminuindo assim o comprimento de onda e aumentando a densidade em quatro vezes. O segundo é a utilização de técnicas mais modernas de codificação, pois o CD de fato emprega os algoritmos de meados da década de 1970 e, desde então, já aprendemos a comprimir o áudio muito melhor — quatro vezes mais e com o mesmo nível baixíssimo de perda. Combine ambas as técnicas e você conseguirá colocar extraordinárias dezesseis horas de áudio num só lado de um CD.

Um dia, Hawley me disse que tinha uma maneira de colocar ainda mais horas de áudio num CD. "Quantas?", perguntei, e ele respondeu: "Por volta de cinco mil". Se for verdade, pensei, a Associação Mundial dos Editores Musicais vai contratar um pistoleiro e ele terá de viver o resto de seus dias na companhia de Salman Rushdie. Em todo caso, pedi-lhe que me explicasse como aquilo seria possível (e nós manteríamos segredo, prometi-lhe cruzando os dedos).

O que Hawley notara com o auxílio do Bösendorfer e de sua utilização por nomes conhecidos como John Williams, é que as mãos humanas, fazendo movimentos bastante rápidos, não eram capazes de gerar uma saída de mais de 30 mil bits por minuto do Bösendorfer. Ou seja, os dados gestuais, a medição do movimento dos dedos, eram bastante modestos. Compare esse número com o 1,2 milhão de bps gerados pelo áudio, como num CD. Portanto, se você armazena os dados gestuais, e não os de áudio, você pode de fato armazenar 5 mil vezes mais música. E nem precisaria de um Bösendorfer de 125 mil dólares, mas poderia usar um instrumento mais modesto equipado com MIDI (*Musical Instrument Digital Interface*, "interface digital para instrumentos musicais").

Todo mundo na indústria que examinou a questão da capacidade dos CDs de áudio tratou-a como um problema específico da esfera do áudio (uma abordagem tímida, ainda que compreensível), assim como o fax o é da esfera da imagem. Hawley, pelo contrário, percebeu que o gesto é como a MIDI, e ambos estão mais próximos do ASCII. E, na verdade, a partitura musical em si é uma representação ainda mais compacta (de baixa resolução, é claro, e desprovida da nuance expressiva que advém da interpretação humana).

Buscando a estrutura dos sinais, o modo como foram gerados, nós vamos além da aparência superficial dos bits e descobrimos os blocos constitutivos de onde provêm a imagem, o som ou o texto. Esse é um dos fatos mais importantes da vida digital.

OS FAX DA VIDA

Se, 25 anos atrás, a comunidade dos cientistas da computação houvesse tentado predizer a percentagem dos novos textos que o computador é hoje capaz de ler, eles a teriam estimado em

80% ou 90%. Até por volta de 1980, eles podiam estar certos. Entra em cena, então, a máquina de fax.

O fax é uma mácula grave na paisagem da informação, um passo atrás cujas conseqüências serão sentidas por muito tempo. Tal acusação parece um tapa na cara de um veículo de telecomunicação que aparentemente revolucionou a maneira pela qual conduzimos nossos negócios e, cada vez mais, nossa vida pessoal. Mas as pessoas não entendem o custo disso a longo prazo, as falhas no curto prazo e as alternativas.

O fax é uma herança japonesa. Não pelo fato de eles terem sido inteligentes o bastante para padronizá-lo e fabricá-lo melhor do que ninguém, como ocorreu com os videocassetes, mas porque sua cultura, sua língua e seus hábitos empresariais são fortemente marcados pela imagem.

Há apenas dez anos, os negócios japoneses não eram conduzidos à base de documentos, mas a viva voz e, em geral, face a face. Poucos eram os empresários que possuíam secretárias, e toda a correspondência era com freqüência escrita à mão. O equivalente japonês de uma máquina de escrever parecia-se mais com uma fotocompositora, ostentando um braço eletromecânico posicionado sobre um denso gabarito de escolhas para produzir um único ideograma *kanji*, de um total de mais de 60 mil.

A natureza pictográfica do *kanji* tornou o fax natural. Uma vez que, à época, muito pouca coisa em língua japonesa possuía já forma legível pelo computador, poucas eram as desvantagens. Por outro lado, para as línguas simbólicas como o inglês, o fax constituiu nada menos que um desastre, em se tratando da legibilidade pelo computador.

Com as 26 letras do alfabeto latino, os dez dígitos e um punhado de caracteres especiais, é muito mais natural para nós pensar em termos dos caracteres ASCII de 8 bits.* O fax, porém, nos fez ignorar isso. Hoje, a maioria das cartas comerciais, para citar um exemplo, são preparadas num editor de textos, impressas e enviadas por fax. Pense nisso. Preparamos os nossos documen-

(*) A maior parte dos computadores de hoje emprega caracteres de oito bits derivados do ASCII original, que prevê apenas sete bits. (N. S.)

tos num formato inteiramente legível pelo computador, tão legível que não nos custa nada mandar um corretor ortográfico examiná-los.

Bom, e o que fazemos então? Imprimimos os documentos em papel timbrado, e eles perdem todas as propriedades do seu ser digital.

Depois, pegamos esse pedaço de papel e colocamos no fax, onde ele é (re)digitalizado para uma imagem, perdendo as poucas características que ainda houvesse no papel — o tato, a cor, o timbre. O fax é despachado para seu destino, talvez um cesto de arame perto das máquinas de xerox. Se você está entre os receptores menos afortunados, vai lê-lo num papel pegajoso e de aparência cancerosa, por vezes não cortado, uma reminiscência de rolos antigos. Ora, faça-me o favor! Isso faz tanto sentido quanto enviarmos folhas de chá uns aos outros.

Mesmo que seu computador tenha um fax/modem, o que dispensa a intermediação do papel, ou mesmo que sua máquina seja colorida e o papel bom, ainda assim o fax não será um veículo inteligente. E o motivo é o fato de você ter removido a legibilidade pelo computador, que é o meio de que dispõe o receptor para armazenar, resgatar e manipular automaticamente sua mensagem.

Quantas vezes você se lembrou de já ter, mais ou menos seis meses atrás, recebido um fax de alguém, de algum lugar, sobre um determinado assunto? Em formato ASCII, você só precisa verificar num banco de dados do seu computador a ocorrência daquele "determinado assunto".

Quando você manda algo por fax, o que está sendo enviado é apenas uma imagem desse algo. Utilizando o *e-mail*, você estará mandando um documento que o receptor poderá manipular, pesquisar ou visualizar da forma que quiser.

O fax nem mesmo é econômico. Para enviar esta página por um fax normal, a uma taxa de 9600 baud, serão necessários uns vinte segundos. Isso representa por volta de 200 mil bits de informação. O correio eletrônico, por outro lado, não precisará nem de um décimo desses bits: apenas dos caracteres ASCII e de alguns caracteres de controle. Em outras palavras, mesmo que você afirme não se importar com o problema da legibilidade pelo computador, o *e-mail* custa 10% do que custa o fax, fazendo-se a conta em bits ou em segundos e considerando-se a mesma taxa de transmissão de 9600 baud (a 38400, teremos 2,5% do custo de um fax atual).

A idéia do fax e do correio eletrônico remonta a mais ou menos cem anos atrás. Num manuscrito de 1863, *Paris no século XX*, encontrado e publicado em 1994, Júlio Verne escreveu: "A fototelegrafia permitia que todo escrito, assinatura ou ilustração fosse mandado para bem longe, e todo contrato podia ser assinado a uma distância de [20 mil quilômetros]. Toda casa encontrava-se interligada".

O telégrafo automático da Western Union (1883) era um *e-mail* cabeado ponto a ponto. O uso generalizado do *e-mail*, como o conhecemos hoje — de múltiplos pontos a múltiplos pontos —, precedeu o uso popular do fax. Quando o correio eletrônico começou a existir, de meados ao final da década de 1960, um número relativamente pequeno de pessoas era versado no uso de computadores. Não surpreende, pois, que o *e-mail* tenha sido sobrepujado de forma dramática pelo fax na década de 1980. As razões para tanto eram a facilidade de operação, a transmissão simples de imagens e gráficos e a alimentação por via do papel impresso (inclusive formulários). Além disso, sob certas condições e muito recentemente, o fax assinado passou a possuir valor legal.

Hoje, no entanto, com a onipresença do computador, as vantagens do *e-mail* são avassaladoras, conforme evidencia seu uso vertiginoso. Além dos benefícios digitais, o correio eletrônico é um meio mais dialógico. Se não chega a ser um diálogo falado, decerto está bem mais próximo da fala do que da escrita.

A primeira coisa que faço pela manhã é dar uma olhada em minha correspondência eletrônica. Mais tarde, então, posso dizer: "sim, falei com fulano de tal esta manhã", embora o tenha feito apenas por *e-mail*. As mensagens vão e voltam, freqüentemente com erros tipográficos. Lembro-me de ter me desculpado com um colega japonês por esses erros de digitação, ao que ele me respondeu que não me preocupasse, pois era um corretor ortográfico muito melhor do que qualquer um que eu pudesse comprar no mercado. E é mesmo.

Esse novo veículo quase dialógico é, de fato, muito diferente de escrever cartas. É muito mais que um correio rápido. Com o correr do tempo, as pessoas encontrarão diferentes estilos na sua utilização. Tem-se já toda uma linguagem específica dos *e-mails*, que se vale de coisas como :) — um rosto sorridente. É grande a probabilidade de, no próximo milênio, o correio eletrônico (com certeza não restrito aos caracteres ASCII) vir a ser o veículo predominante nas telecomunicações interpessoais, alcançando — quando não eclipsando — a voz, e isso já dentro dos próximos quinze anos. Todos nós o estaremos utilizando, contanto que aprendamos algumas regras de decoro digital.

NETIQUETA

Imagine a seguinte cena: o salão de baile de um castelo austríaco no século XVIII, em toda a sua glória, resplandecendo da luz dourada e refletida de centenas de velas, espelhos venezianos e jóias; quatrocentas pessoas bonitas e elegantes valsam graciosamente ao som de uma orquestra de dez músicos — como nas cenas de dança de *The scarlet empress** da Paramount ou da *Viúva alegre* da Universal Pictures. Agora imagine essa mesma cena, sendo que 390 dos convidados aprenderam a dançar na noite anterior e prestam demasiada atenção aos próprios pés. Essa segunda versão parece-se com a Internet de hoje: a maior parte de seus usuários é desajeitada.

A grande maioria dos usuários atuais da Internet compõe-se de novatos. Grande parte deles está na rede há menos de um ano. Suas primeiras mensagens tendem a inundar um pequeno grupo de seletos destinatários não apenas com páginas e páginas de falatório, mas com uma premência que sugere que o receptor não tem nada melhor a fazer do que responder.

(*) *A imperatriz galante*, filme de 1934, dirigido por Josef von Sternberg, com Marlene Dietrich no papel de Catarina, a Grande. (N. T.)

E, pior: parece tão barato e simples remeter cópias de documentos que basta uma tecla para despachar quinze ou 50 mil palavras indesejadas para sua caixa postal. Esse simples ato transforma o *e-mail* de um veículo pessoal e dialógico numa enorme enxurrada de palavras, o que é desgastante, sobretudo se sua conexão se vale de um canal de baixa largura de banda.

Um jornalista encarregado de escrever sobre esses novatos e seu uso inconsiderado da Internet fez sua pesquisa enviando a mim e a outras pessoas um questionário de quatro páginas, e isso sem antes perguntar se podia fazê-lo e sem o menor aviso. Sua matéria deveria ter sido um auto-retrato.

O correio eletrônico pode ser um veículo e tanto para repórteres. Entrevistas por *e-mail*, além de menos enxeridas, permitem uma maior reflexão por parte do entrevistado. Estou convencido de que entrevistas assim vão se tornar um excelente meio e uma ferramenta padrão do jornalismo mundial — basta que os repórteres sejam capazes de aprender alguns fundamentos de decoro digital.

A melhor maneira de se ser cortês na utilização do *e-mail* na Internet é partir-se do pressuposto de que o destinatário da mensagem dispõe de míseros 1200 bps e de muito pouco tempo para lê-la. Um exemplo da atitude contrária (e, para meu espanto, um hábito de grande parte dos usuários mais experientes que conheço) é embutir na resposta a uma mensagem uma cópia integral desta última. Esse é talvez o modo mais preguiçoso de fazer com que seu *e-mail* seja entendido, e uma catástrofe se a mensagem é longa (e o canal estreito).

O extremo oposto é ainda pior, como no caso do sujeito que responde: "Claro". Claro o quê?

Mas o pior de todos os hábitos digitais, na minha opinião, é a cópia gratuita, a "cc" (quem se lembrará que isso significa "cópia carbono"?). Montanhas delas já espantaram muitos executivos seniores da rede. O grande problema das ccs eletrônicas é que elas podem se multiplicar, pois as respostas são com bastante freqüência enviadas a todos aqueles que receberam cópia da mensagem original. Nunca se sabe ao certo se alguém respondeu para "todos" por acidente, se não queria ou não sabia fazer de outro modo. Se alguém está organizando uma súbita reunião internacional e convida a mim e a cinqüenta outras pessoas para participar, a última coisa que vou querer ver é o acerto detalhado e a discussão das outras cinqüenta viagens.

Como teria dito o Bardo, a brevidade é a alma do correio eletrônico.

ATÉ AOS DOMINGOS

O *e-mail* é um estilo de vida que causa grande impacto na maneira como trabalhamos e pensamos. Uma conseqüência bastante específica disso é a mudança no ritmo do trabalho e do lazer. Trabalhar das nove às cinco, cinco dias por semana, e ter duas semanas de férias por ano é um esquema que, como ritmo dominante do mundo dos negócios, começa a desaparecer. As mensagens profissionais começam a misturar-se às pessoais, e o domingo já não difere tanto da segunda-feira.

Algumas pessoas, sobretudo na Europa e no Japão, vão dizer que isso é um desastre. Nos fins de semana, querem deixar o trabalho para trás, no escritório. Eu decerto não reclamo do direito que as pessoas têm de se distanciar de seu trabalho. Por outro lado, alguns gostam de estar ''conectados'' o tempo todo. Trata-se de uma troca simples. Pessoalmente, eu preferiria responder minha correspondência eletrônica no domingo para, na segunda, poder ficar mais tempo de pijamas.

DENTRO E FORA DO PAÍS AO MESMO TEMPO

Há uma tirinha muito boa, já bem famosa, que mostra dois cachorros usando a Internet. Um deles escreve ao outro: ''Na Internet, ninguém sabe que você é um cachorro''. Caberia acrescentar: ''E ninguém sabe onde você está''.

Quando viajo de Nova York para Tóquio — uma viagem de mais ou menos catorze horas —, passo a maior parte do tempo digitando e, entre outras coisas, escrevo uns quarenta ou cinqüenta *e-mails*. Imagine se, ao chegar no hotel, eu entregasse todas essas mensagens na recepção e pedisse que fossem enviadas sob a forma de faxes. Um tal ato seria encarado como postagem em massa. E, no entanto, se envio as mensagens por correio eletrônico, faço-o com rapidez e facilidade, discando apenas um número de telefone. Eu as estou enviando para pessoas, e não para lugares. E as pessoas estão mandando mensagens para mim, e não para Tóquio.

O *e-mail* permite uma mobilidade extraordinária, sem que ninguém tenha de saber seu paradeiro. Embora isso possa ser mais relevante para um caixeiro-viajante do que para as demais pessoas, o processo de permanecer conectado levanta algumas questões interessantes e de caráter geral no tocante à diferença entre bits e átomos na vida digital.

Quando viajo, faço questão de ter à minha disposição pelo menos dois números de telefone locais que possam me conectar à Internet. Ao contrário do que reza a lenda, tais linhas representam portas comerciais caras que me ligam ou ao sistema local do país onde estou (que é o que faço na Grécia, França, Suíça e Japão) ou ao sistema global da Sprint ou da MCI. A Sprint, por exemplo, possui linhas locais em 38 cidades russas. Qualquer uma delas é capaz de conectar-me a meu sistema *time-sharing* pessoal (o gabinete ao lado do meu escritório) ou, em último caso, ao computador central do Media Lab. De lá, já estou na Internet.

Conectar-se pelo mundo todo é uma espécie de magia negra. O problema não é ser digital, mas ter o plugue à mão. Na Europa, existem vinte tipos diferentes de tomadas (pode contar)! E, ainda que você tenha se acostumado àquele pluguezinho telefônico de plástico, chamado RJ-11, há outros 175 espalhados pelo mundo. Orgulho-me de ser possuidor de pelo menos um exemplar de cada. Se faço uma viagem longa e cheia de escalas, é provável que 25% de minha bagagem seja constituída de uma mescla de plugues telefônicos e tomadas.

Mesmo devidamente equipado, você pode ainda ser obstruído pelos muitos hotéis e quase todas as cabines telefônicas que não oferecem meios para a conexão direta de um modem. Para essas ocasiões, um pequeno acoplador acústico pode ser fixado no aparelho telefônico, uma tarefa cujo grau de dificuldade será proporcional ao nível de floreio praticado no desenho do aparelho.

Feita a conexão, os bits não terão dificuldade em encontrar o caminho de casa, mesmo que tenham de passar pela mais antiquada e analógica das centrais telefônicas, embora isso às vezes requeira uma baixa velocidade de transmissão e um alto grau de correção de erros.

A Europa deu início a um programa para a confecção de um europlugue dotado de um desenho unificado de tomada. Tal plugue deve atender às seguintes exigências: 1) não se parecer com nenhum dos plugues existentes; 2) possuir as características de segurança de todos os demais plugues; e 3) não conferir a país algum uma vantagem econômica (esta última constituindo um traço particular do pensamento da União Européia). A questão não são apenas os plugues. Conforme formos avançando em nossa vida digital, as barreiras tenderão a ser cada vez mais de natureza física, e não eletrônica.

Um exemplo de sabotagem digital deliberada são os hotéis que quebram a travinha de plástico do RJ-11, impedindo que você conecte seu laptop à tomada na parede. Isso é pior do que cobrar por faxes recebidos. Tim e Nina Zagat prometeram incluir um comentário a respeito nos seus futuros guias de hotéis, a fim de que os *digerati* possam boicotar tais estabelecimentos e levar seus negócios digitais para outras freguesias.

16
DIVERSÃO DA PESADA

INCAPACIDADE PARA ENSINAR

Quando o Media Lab apresentou pela primeira vez os resultados de seu projeto LEGO/Logo, em 1989, os alunos da Hennigan School — desde o jardim da infância até a sexta série — demonstraram seus projetos perante uma comitiva de executivos da LEGO, representantes do mundo acadêmico e jornalistas. Uma zelosa âncora de uma das redes americanas de TV encurralou uma das crianças e — com as luzes todas ligadas — perguntou-lhe se aquilo tudo não tinha sido pura diversão e brincadeira. Pressionou a criança de oito anos para que ela desse uma daquelas típicas respostas "engraçadinhas" e de efeito para a TV.

A criança, é claro, estremeceu. Por fim, tendo a âncora repetido sua pergunta pela terceira vez e as luzes irradiado considerável calor, a criança suada e exasperada olhou melancolicamente para a câmera e respondeu: "É diversão sim, mas diversão da pesada".

Seymour Papert é um especialista em "diversão da pesada". Observou certa vez que ser "bom em" línguas é um conceito estranho, se você levar em conta que qualquer criança mediana de cinco anos de idade conseguirá aprender alemão na Alemanha, italiano na Itália ou japonês no Japão. À medida que envelhecemos, parece que vamos perdendo essa capacidade, mas não podemos negar que a possuíamos quando crianças.

Papert propôs o uso de computadores na educação criando, metafórica e literalmente, um mundo chamado, digamos, Matematicalândia, no qual a criança aprenderá matemática da mesma forma como aprende línguas. Embora essa Matematicalândia constitua um conceito geopolítico bizarro, ela faz todo sentido em se tratando de computadores. De fato, as técnicas modernas de simulação por computador permitem a criação de micromundos nos quais as crianças podem, brincando, explorar princípios bastante sofisticados.

Na Hennigan School, um menino de seis anos que participou do projeto LEGO/Logo construiu um amontoado de blocos sobre o qual colocou um motor. Conectou, então, os dois fios do motor a seu computador, e escreveu um programinha de uma linha capaz de ligá-lo e desligá-lo. Com o motor ligado, os blocos vibravam. Em seguida, o menino prendeu uma hélice ao motor, mas, por alguma razão (talvez por engano), montou-a de forma excêntrica (isto é, não centralizada). Quando, então, ligava o motor, os blocos vibravam tanto que não apenas saltavam pela mesa, como também quase desmoronavam de tanto sacudir (problema resolvido com algumas tiras de borracha — um pequeno "trambique", o que nem sempre é ruim).

Em seguida, ele notou que se rodasse o motor de forma a fazer com que a hélice girasse no sentido horário, a pilha de blocos primeiro saltaria para a direita e, depois, passaria a movimentar-se aleatoriamente. Se fizesse o contrário, teria primeiro um salto para a esquerda e, a seguir, o movimento aleatório. Por fim, o menino decidiu colocar células fotoelétricas sob sua estrutura e, então, pôr os blocos sobre uma linha preta ondulante que desenhara numa folha grande e branca de papel.

Aí, escreveu um programa mais sofisticado, que, primeiro, acionava o motor (para qualquer lado); depois, dependendo de qual célula fotoelétrica via o preto no papel, ela parava o motor e o religava no sentido horário, para produzir o pulo para a direita, ou no sentido anti-horário, para provocar o salto para a esquerda, de forma que os blocos sempre voltavam para cima da linha. O resultado foi uma pilha de blocos capaz de seguir uma linha preta ondulante.

O menino tornou-se um herói. Professores e alunos perguntavam-lhe como funcionava aquele seu invento e examinavam seu projeto sob diferentes ângulos, fazendo-lhe diferentes perguntas. Esse pequeno momento de glória proporcionou-lhe algo muito importante: a alegria do aprendizado.

Talvez nossa sociedade tenha muito menos crianças incapazes de aprender e muito mais ambientes incapazes de ensinar do que hoje percebemos. O computador pode mudar essa realidade fazendo-nos mais capazes de chegar até as crianças com diferentes estilos cognitivos e de aprendizado.

NÃO DISSEQUE: CONSTRUA UM SAPO

A maioria das crianças americanas não sabe a diferença entre o Báltico e os Bálcãs. Não sabe quem foram os visigodos ou em que época viveu Luís XIV. E por que isso é tão importante? Você sabia que a cidade de Reno fica a oeste de Los Angeles?

O alto preço pago por países como a França, a Coréia do Sul e o Japão por enfiarem uma batelada de fatos na cabeça das crianças é que seus estudantes com freqüência chegam à universidade mais ou menos exaustos. Nos quatro anos seguintes, sentem-se como um maratonista a quem, na linha de chegada, mandam escalar uma montanha.

Na década de 1960, grande parte dos pioneiros no emprego dos computadores na educação defendia o infeliz binômio exercício/prática, utilizando computadores para, numa base de um para um e em seu próprio ritmo, ensinar com maior eficácia os malditos fatos de sempre às crianças. Hoje, com a coqueluche da multimídia, temos fanáticos do binômio exercício/prática que pensam que podem colonizar a energia de um videogame para esguichar ainda mais informação na cabeça das crianças, com uma maior — como dizem — produtividade.

Em 11 de abril de 1970, Papert comandou um simpósio no MIT intitulado "Ensinando crianças a pensar" no qual propunha a utilização dos computadores como mecanismos que as crianças ensinariam e, ensinando, aprenderiam. Essa idéia surpreendentemente simples ficou quase quinze anos em banho-maria, até poder tornar-se realidade graças aos computadores pessoais. Hoje, quando mais de um terço dos lares americanos abriga um PC, chegou a hora de colocá-la em prática.

Embora uma porção significativa do aprendizado decerto se deva ao ensino — mas ao bom ensino, com bons professores —, grande parte dele resulta da exploração, da reinvenção da roda e do descobrir por si próprio. Até o advento do computador, a tecnologia para o ensino limitava-se a audiovisuais e ao ensino a distância, pela TV, o que simplesmente ampliava a atividade dos professores e a passividade das crianças.

O computador alterou essa situação de forma radical. De repente, o aprender fazendo tornou-se regra, e não exceção. Uma vez que um computador pode hoje simular quase tudo, não se precisa mais dissecar um sapo para aprender sobre ele. Em vez disso, pode-se pedir às crianças que projetem sapos, que construam um animal com um comportamento semelhante ao do sapo, que modifiquem esse comportamento, que simulem os músculos e que brinquem com o sapo.

Brincando-se com a informação — sobretudo em se tratando de coisas abstratas —, o conteúdo adquire maior significado. Eu me lembro quando a professora do meu filho na terceira série contou-me com tristeza que o menino era incapaz de somar ou subtrair números com dois ou três dígitos. Que estranho, pensei comigo; afinal, ele era sempre o banqueiro quando jogávamos Banco Imobiliário e parecia lidar muito bem com todos aqueles números. Sugeri a ela, então, que lhe passasse as mesmas contas para fazer, mas em dólares, e não apenas números. E, veja só, de repente ele se tornou capaz de somar números de três dígitos e até mais. A razão para tanto é que os dígitos não eram mais números abstratos e sem significado: eram dólares que tinham a ver com o Banco Imobiliário.

O LEGO controlável por computador vai um passo adiante. Ele permite às crianças dotar suas construções físicas de um comportamento. O trabalho que hoje fazemos no Media Lab com o LEGO inclui o protótipo de um computador dentro de um tijolo, o que evidencia um novo grau de flexibilidade e de possibilidades para o construtivismo de Papert, e inclui também comunicações entre os tijolos e possibilidades de explorar o processamento paralelo de novas maneiras.

As crianças brincando com LEGO/Logo hoje vão aprender princípios físicos e lógicos que você e eu aprendemos na faculdade. Casos verificados e os resultados de testes cuidadosos revelam que essa abordagem construtivista é uma ferramenta extraordinariamente rica de aprendizado, passando por ampla gama de estilos cognitivos e comportamentais. E, com efeito, muitas crianças consideradas incapazes de aprender florescem nesse ambiente.

OS MOLEQUES DE RUA DA SUPERESTRADA DA INFORMAÇÃO

Quando eu estudava num colégio interno na Suíça, um certo número de garotos — eu inclusive — não podia ir para casa durante as férias de outono, porque nossas casas eram longe demais. Pudemos, contudo, participar de um *concours*, uma espécie de gincana, rigorosamente sem qualquer propósito.

O diretor da escola era um general (reformado, como a maioria nas Forças Armadas suíças) muito astuto e influente. Ele planejou uma gincana de cinco dias pelo país, na qual cada time de quatro garotos (de doze a dezesseis anos) recebia cem francos (23,50 dólares à época) e um passe de trem com validade para cinco dias.

Cada time recebia também pistas diferentes e vagava pelo país ganhando pontos de acordo com as metas atingidas ao longo do caminho. Essas metas não eram nada fáceis. Em determinado momento tínhamos de estar numa certa latitude e longitude no meio da noite, quando, então, um helicóptero lançou-nos a instrução seguinte, sob a forma de uma fita gravada em urdu e toda enrolada, dizendo-nos que achássemos um porco vivo e o levássemos até um determinado lugar que nos seria comunicado se ligássemos para certo número de telefone (que tivemos de descobrir desvendando um complexo quebra-cabeças de números extraídos das datas de sete acontecimentos obscuros: os sete últimos dígitos formavam o número a ser chamado).

Esse tipo de desafio sempre exerceu enorme atração sobre mim, e, pedindo perdão pela fanfarronice, informo que meu time ganhou — tinha certeza de que ganharia. Essa experiência me entusiasmou tanto que resolvi fazer o mesmo no décimo quarto aniversário de meu filho. Contudo, sem o Exército americano à minha disposição, eu a reduzi para uma gincana de um dia em Boston, dividindo em times a classe na qual meu filho estudava e dando-lhes um orçamento fixo e um passe de metrô sem limite de viagens. Gastei semanas plantando pistas com recepcionistas, debaixo dos bancos dos parques e em lugares a serem definidos mediante quebra-cabeças com números de telefone. Conforme você deve ter adivinhado, os melhores da classe não foram necessariamente os vencedores — o que ocorreu foi, em geral, o contrário. Sempre houve uma diferença muito grande entre esperteza de rua e ser o primeiro da classe.

Na minha gincana por exemplo, para conseguir uma das pistas, você tinha de resolver um jogo de palavras cruzadas. Os primeiros da classe correram para a biblioteca ou chamaram os amigos inteligentes. Os espertos, por sua vez, entravam e saíam do metrô pedindo ajuda às pessoas. Assim, eles não apenas conseguiram suas respostas mais depressa, como também o fizeram ao mesmo tempo em que se dirigiam ao ponto seguinte, ganhando terreno e pontos no jogo.

Hoje, as crianças estão tendo a oportunidade de exercitar essa esperteza de rua na Internet, onde *elas não são vistas, mas ouvidas*. Por ironia, a leitura e a escrita vão se beneficiar disso. Na Internet, elas vão ler e escrever para se comunicar, e não apenas para completar algum exercício abstrato e artificial. O que estou defendendo aqui não deve ser entendido como antiintelectualismo ou como desdém pelo raciocínio abstrato — é o contrário. A Internet oferece um novo veículo para se sair em busca de conhecimento e sentido.

Como sofro de uma ligeira insônia, com freqüência acordo por volta das três da manhã, conecto-me por uma hora e, depois, volto a dormir. Numa dessas sonolentas sessões, recebi um *e-mail* de um certo Michael Schrag, que se apresentou muito polidamente como um segundanista do ginásio e perguntou-me se podia visitar o Media Lab quando fosse visitar o MIT, naquela mesma semana. Sugeri-lhe que fosse assistir à aula de sexta-feira do meu curso "Bits são bits", que se sentasse no fundo da sala, e nós lhe arranjaríamos um estudante para servir-lhe de guia. Mandei também cópias da sua mensagem e da minha para dois outros professores, que concordaram em encontrar-se com ele (por ironia, pensaram que se tratasse do famoso colunista Michael Schrage, com *e* no final).

Quando, por fim, conheci Michael, ele estava com o pai, que me explicou que o filho andava encontrando todo tipo de gente na Internet e que na realidade tratava a Internet da maneira como eu encarara meu *concours*. O que espantou o pai de Michael foi que gente de todo tipo — até ganhadores do prêmio Nobel e altos executivos — parecia encontrar tempo para responder às perguntas dele. Isso ocorre porque é muito fácil responder, e porque (pelo menos por enquanto) a maioria das pessoas não está se afogando em *e-mails* gratuitos.

Com o tempo, haverá cada vez mais pessoas na Internet dotadas de tempo e sabedoria para fazer dela uma teia do conhecimento humano e da ajuda mútua. Os 30 milhões de membros da Associação Americana dos Aposentados, por exemplo, compõem uma fonte de experiência coletiva atualmente inexplorada. Tornar apenas esse reservatório de sabedoria e conhecimento acessível aos jovens é algo que poderia já, com uns poucos comandos de teclado, vencer o abismo entre as gerações.

BRINCANDO DE APRENDER

Em outubro de 1981, Seymour Papert e eu participamos de uma reunião da OPEP em Viena. Foi a mesma reunião na qual o xeque Yamani fez seu famoso discurso sobre dar ao pobre uma vara de pescar — ensiná-lo a ganhar a vida, em vez de dar-lhe esmola. Num encontro privado com Yamani, ele nos perguntou se sabíamos a diferença entre os primitivos e os incultos. Fomos astutos o suficiente para hesitar, dando-lhe a oportunidade de responder a sua própria pergunta, o que ele fez com muita eloqüência.

A resposta foi que os primitivos não eram incultos: eles simplesmente se valiam de outros meios para transmitir seu conhecimento de geração em geração, no interior de uma malha social muito fina e solidária. Por outro lado, uma pessoa inculta — explicou ele — é o produto de uma sociedade moderna cujo tecido desfiou-se e cujo sistema não é solidário.

O monólogo do grande xeque constitui, em si, uma versão primitiva das idéias construtivistas de Papert. Uma coisa levou à outra, e nós dois — Papert e eu — acabamos passando todo o ano seguinte trabalhando no emprego dos computadores na educação para países em desenvolvimento.

A experiência mais completa desse período aconteceu em Dacar, no Senegal, onde duas dúzias de computadores Apple trabalhando com a linguagem Logo de programação foram introduzidas numa escola primária. As crianças dessa nação pobre, rural e subdesenvolvida da África Ocidental mergulharam nos computadores com a mesma facilidade e a mesma paixão com que o faz qualquer criança da classe média americana. A ausência das máquinas, da eletrônica e dos diversos aparatos a auxiliá-las na vida cotidiana não fez diferença alguma na adoção dos computadores e no entusiasmo por eles. Ser branco ou preto, rico ou pobre não significou coisa alguma. O que de fato contou, foi o fato de se tratar de crianças — como aquela história de aprender francês na França.

No interior de nossa própria sociedade, também estamos encontrando provas desse mesmo fenômeno. Seja na demografia da Internet, no uso dos videogames ou até na penetração dos microcomputadores nas casas das pessoas, as forças dominantes que aí atuam não são sociais, raciais ou econômicas, mas geracionais. Os abastados e os desprovidos passaram a ser os jovens e os velhos. Muitos movimentos intelectuais são claramente impulsionados por forças nacionalistas ou étnicas, mas não é isso o que ocorre com a revolução digital. Seus valores e seu apelo são tão universais quanto o rock.

Grande parte dos adultos não consegue ver como é que as crianças aprendem com os jogos eletrônicos. A suposição generalizada é a de que esses brinquedos hipnóticos as transformam em viciados cheios de tiques, possuindo, ademais, menos características redentoras do que a televisão. Não há dúvida, porém, de que os jogos eletrônicos ensinam estratégias às crianças e exigem delas uma capacidade de planejamento que lhes será útil em sua vida futura. Quando você era criança, quantas vezes discutiu estratégia ou correu para aprender alguma coisa mais rápido do que os outros?

Hoje em dia, um jogo como o Tetris é apreendido com muita rapidez: o que muda é só a velocidade. É provável que vejamos membros de uma geração Tetris muito superiores a nós, quando se trata de arrumar rapidamente o porta-malas de uma perua, mas eles não saberão fazer muito mais do que isso. À medida que os jogos forem se instalando em computadores pessoais mais poderosos, nós assistiremos ao surgimento de mais ferramentas de simulação (como no popularíssimo SimCity), e de jogos mais ricos em informação.

Diversão da pesada.

17

FÁBULAS E FRAQUEZAS DIGITAIS

O CHAMADO DO MODEM

Se tivesse de contratar gente para trabalhar na sua casa, para cozinhar, limpar, dirigir seu carro, acender a lareira e atender à porta, você consegue se imaginar sugerindo a elas que não conversem umas com as outras, que não vejam o que as outras estão fazendo e não coordenem suas funções?

Quando, porém, essas funções são embutidas numa máquina, nós achamos normal deixá-las isoladas, atuando independentemente umas das outras. No presente, um aspirador de pó, um automóvel, uma campainha, uma geladeira e um aquecedor constituem, todos eles, sistemas fechados, voltados para propósitos específicos. Seus projetistas não fizeram qualquer esforço para que se comunicassem uns com os outros. O mais próximo que chegamos de uma coordenação desses aparelhos é embutir relógios digitais num grande número deles. Tentamos sincronizar algumas funções com o auxílio da hora digital, mas, na maioria dos casos, terminamos com uma coletânea de máquinas choraminguentas, cujo 12:00 a piscar é feito um pequeno grito de ''por favor, faça-me só um pouquinho mais inteligente''.

As máquinas precisam comunicar-se facilmente umas com as outras a fim de que possam servir melhor às pessoas.

A vida digital muda a essência dos padrões no que se refere à comunicação máquina-máquina. As pessoas costumavam sentar-se ao redor de mesas em Genebra e lugares assim, com o intuito de maquinar (uma metáfora significativa extraída da era industrial) padrões mundiais para o que quer que fosse, desde a alocação do espectro até os protocolos de telecomunicações. Às vezes, isso demora tanto que, quando se chega a um acordo, ele já se tornou obsoleto, como ocorreu com o padrão telefônico ISDN (*Integrated Services Digital Network*, "rede digital de serviços integrados").

As premissas de operação e os preconceitos desses comitês de padronização têm considerado os sinais elétricos como semelhantes à rosca dos parafusos. Para que as porcas e parafusos funcionem em todos os países, temos de entrar num acordo acerca de cada dimensão crítica, e não apenas de algumas delas. Mesmo que você tivesse o número certo de roscas por polegada ou centímetro, parafuso e porca ainda assim não funcionariam com o diâmetro errado. O mundo mecânico é extremamente exigente nesse aspecto.

Os bits são mais magnânimos. Prestam-se a descrições e protocolos (um termo antes restrito à esfera do comportamento social) mais nobres. Os protocolos podem ser bastante detalhistas acerca de como duas máquinas vão trocar seus sinais — aquilo que se designa por *handshaking*, o termo técnico para o modo pelo qual duas máquinas estabelecem a comunicação, decidindo-se por variáveis a serem empregadas em seu(s) diálogo(s).

Preste atenção a próxima vez que você for usar seu fax ou modem. Todo aquele ruído parecido com estática e os bips compõem, literalmente, o processo de handshaking. Esses sons de acasalamento são negociações visando a encontrar o nível mais alto a partir do qual as máquinas possam trocar seus bits, com o maior denominador comum em todas as variáveis.

Num nível ainda mais elevado, podemos pensar nos protocolos como metapadrões ou linguagens a serem utilizadas na negociação de métodos mais detalhados de trocas de bits. Na multilíngüe Suíça, o equivalente disso seria você estar desacompanhado e tomar um daqueles elevadores de esqui duplos junto com um desconhecido: a primeira coisa que você vai negociar com seu parceiro (se é que vocês vão conversar) é que língua falar. Televisores e torradeiras vão fazer o mesmo tipo de pergunta uns aos outros, antes de fazerem negócio.

Há 25 anos, eu fiz parte do comitê de assessoramento ao qual cabia avaliar o estágio final do desenvolvimento do código universal de produto, o UPC — aqueles códigos compostos de pequenas barras verticais legíveis pelo computador que hoje estão por toda parte e que causaram problema ao presidente Bush, quando ele expressou espanto junto ao caixa automatizado de um supermercado. O UPC está nas latas, caixas, nos livros (veja no verso deste aqui) e em tudo o mais, à exceção das verduras frescas.

O papel desse comitê de assessoramento era conferir o selo de aprovação ao projeto final do código de barras. Após o julgamento dos finalistas (o desenho em forma da mosca de um alvo foi o segundo colocado), nós olhamos de novo um punhado de sugestões malucas, mas intrigantes, tais como tornar as comidas levemente radioativas, na proporção do seu preço, de forma a transformar cada caixa de supermercado num contador Geiger no qual os consumidores pagariam pela quantidade de rads contida em seus carrinhos. (Estima-se que uma lata normal de espinafre exponha você a uma dose de radioatividade de um décimo de micro-rad por quilograma por hora; isso representa um bilionésimo de joule por hora; por outro lado, a mesma quantidade de espinafre fornece 100 mil joules de energia química, razão pela qual o Popeye presta muito melhor serviço a sua própria condição física comendo-a.)

Essa idéia maluca possuía um grãozinho de sabedoria. Por que não tornar cada UPC capaz de irradiar dados? Ou por que não torná-lo ativo, de forma que, como uma criança no jardim da infância, ele seja capaz de levantar a mão?

O motivo é que isso iria requerer energia elétrica. Por conseqüência, UPCs e outras "etiquetas de identificação" tendem a ser passivas. Soluções existem, como, por exemplo, retirar essa energia da luz ou utilizá-la em tão ínfima quantidade que uma pequena bateria bastaria por anos. Quando isso for possível num formato minúsculo, todas as "coisas" poderão ser digitalmente ativas. Assim, cada xícara de chá, cada peça de roupa e (sim) cada livro em sua casa poderá dizer onde ele está. No futuro, será tão improvável que um objeto se perca quanto que um livro "saia de catálogo".

Rótulos ativos são parte importante do futuro porque trazem para o âmbito digital pequenos componentes não elétricos do mundo inanimado: ursinhos, chaves inglesas e fruteiras. No futuro mais imediato, tais rótulos serão (e estão sendo) utilizados como distintivos usados por pessoas e animais. Que melhor presente de Natal pode haver do que uma coleira ativa para seu cachorro ou gato, de modo que seu bichinho de estimação não se perca nunca mais (ou, para ser mais exato, ele pode se perder, mas você saberá onde ele está)?

Crachás ativos já são utilizados por medida de segurança. Uma nova aplicação vem sendo desenvolvida pela Olivetti na Inglaterra. Usar um de seus crachás permite ao edifício saber onde você está. Quando alguém liga para você, o telefone mais próximo toca. No futuro, esses dispositivos não serão presos por um clipe ou alfinete, mas sim acoplados firmemente a sua roupa ou costurados nela.

MÍDIA PARA VESTIR

Processador de gabardine, memória de musselina e seda solar podem vir a ser o tecido literal da roupa digital de amanhã. Em vez de carregar seu laptop, vista-o. Embora isso possa parecer despropositado, já estamos começando a carregar cada vez mais equipamentos de processamento e de comunicação sobre o corpo.

O relógio de pulso é o exemplo mais óbvio. É certo que ele vai se transformar do mero relógio que é hoje num centro móvel de comando e controle amanhã. Usá-lo é algo tão natural que muita gente dorme com ele no pulso.

Uma TV-computador-telefone de pulso não é mais privilégio exclusivo de Dick Tracy, Batman ou do capitão Kirk. Dentro de cinco anos, uma das maiores áreas de crescimento nos produtos para consumo será provavelmente aquela composta por esses aparelhos de vestir. A Timex já oferece comunicação sem fio entre seu PC e o relógio de pulso que ela fabrica. Acredita-se que esse relógio venha a ser tão popular que seu software inteligente de transmissão (ótica) será incorporado a vários sistemas da Microsoft.

Nossa capacidade de miniaturalizá-los vai rapidamente ultrapassar a capacidade que temos de prover tais pequenos objetos de energia elétrica. Esta última é uma área da tecnologia que tem avançado a passo de tartaruga. Se o progresso na tecnologia das baterias acompanhasse o desenvolvimento dos circuitos integrados, nós estaríamos indo para o trabalho em carros alimentados por pilhas de rádio. Em vez disso, preciso carregar quase quatro quilos de baterias quando viajo, para poder alimentar meu laptop num vôo longo. Com o tempo, essas baterias para laptops tornaram-se mais pesadas, pois os computadores de tipo notebook foram adquirindo mais funções e monitores mais brilhantes. (Em 1979, o Typecorder da Sony, o primeiro laptop, usava apenas quatro pilhas comuns.)

É provável que assistamos ao surgimento de algumas soluções inventivas para alimentar de energia os computadores de vestir. A Abercrombie & Fitch já está comercializando um chapéu do tipo safári no qual uma célula solar alimenta um pequeno ventilador para refrescar sua testa. Um candidato mais novo e excelente para o armazenamento de energia é seu cinto. Tire o cinto e veja a enormidade em termos de área e volume que ele consome. Imagine um desses cintos imitando couro de vaca com um desenho de fivela que permita ligá-lo à tomada na parede para recarregar seu telefone celular.

Quanto às antenas, o próprio corpo humano pode ser parte delas. Ademais, a maioria das antenas presta-se formalmente a ser costurada em tecido ou usada como uma gravata. Com algum auxílio digital, as orelhas das pessoas poderiam funcionar muito bem como aquelas antenas internas de televisão (UHF) que parecem orelhas de coelho.

O importante aqui é perceber que o futuro dos aparelhos digitais pode incluir alguns formatos e tamanhos muito diferentes daqueles que vêm naturalmente à nossa mente a partir de nossos atuais quadros de referência. A venda de equipamentos de informática pode não se limitar às lojas especializadas, mas avançar rumo àquelas que vendem produtos da Nike, da Levi's e da Banana Republic. Num futuro mais distante, os monitores de computador poderão ser vendidos em litros e pintados na parede, os CD-ROMS poderão ser comestíveis e os processadores paralelos poderão ser aplicados como os bronzeadores. Ou então poderemos todos estar morando em nossos computadores.

BITS E ARGAMASSA

Tendo formação de arquiteto, descobri que muitos conceitos valiosos da arquitetura podem contribuir diretamente para o projeto de computadores, mas o contrário não tem acontecido até agora, a não ser pelo povoamento de nosso meio ambiente com aparelhos mais inteligentes, no centro do palco ou nos bastidores. Pensar-se em edifícios como enormes aparelhos eletromecânicos resultou até o momento em poucas aplicações inspiradas. Até o comportamento arquitetônico da nave *Enterprise* limita-se ao deslizar de portas.

Os edifícios do futuro serão como as placas mães dos computadores: "preparados para a inteligência" (*smart ready*, uma expressão cunhada pela AMP Corporation para seu programa da Casa Inteligente). Trata-se de uma instalação prévia de cabos e conectores espalhados por toda parte, visando ao compartilhamento (futuro) de sinais entre os eletrodomésticos. Isso permite que você adicione *a posteriori* um ou outro tipo de processamento, como, por exemplo, fazer com que o ambiente acústico de quatro paredes da sua sala de estar soe como o Carnegie Hall.

À maior parte dos "ambientes inteligentes" que já vi falta a capacidade de perceber a presença humana. Trata-se do mesmo problema que apresentam os computadores pessoais, mas em escala ampliada: o ambiente é incapaz de ver ou sentir o usuário. Até o termostato lê, na verdade, a temperatura da parede, e não se você está com frio ou calor. As salas do futuro saberão se você acaba de se sentar à mesa para comer, se você foi dormir, se entrou no chuveiro ou levou o cachorro para passear. Nessa situação, o telefone jamais tocaria. Se você não está, ele não toca, e precisamente porque você não está. Se você está, e seu mordomo digital decide passar a ligação para você, a maçaneta mais próxima dirá: "Com licença, madame", e fará a conexão.

Algumas pessoas dão a isso o nome de computação onipresente, o que é correto; e, dentre essas, algumas concebem esse tipo de computação como o oposto do emprego dos agentes de interface, o que é incorreto. Ambos esse conceitos são, na verdade, um só.

A onipresença do computador de cada um será determinada pelos vários processos computacionais independentes presentes em nossa vida atual (o sistema de reserva de passagens aéreas, os dados sobre locais de venda de produtos, a utilização de serviços *on-line*, os medidores e os sistemas de mensagens). Estes irão interconectar-se cada vez mais. Se seu vôo para Dallas que parte de manhã cedo estiver atrasado, seu despertador poderá tocar um pouco mais tarde, e o serviço de táxi será notificado de acordo com as condições de tráfego previstas.

Ausentes hoje da maioria das versões da casa do futuro estão os robôs domésticos. Trata-se de uma guinada curiosa, uma vez que, vinte anos atrás, quase toda imagem do futuro incluía a robótica. O C3PO daria um excelente mordomo; até seu sotaque é adequado.

O interesse pelos robôs domésticos vai voltar, e já podemos imaginar empregados digitais dotados de pernas para subir escadas, braços para espanar a poeira e mãos para carregar drinques. Por razões de segurança, tal robô precisará também latir como um cachorro feroz. Esses conceitos não são novos, e a tecnologia necessária está quase à mão. Provavelmente há no mundo todo umas 100 mil pessoas que se disporiam a pagar 100 mil dólares por um robô assim. E esse mercado de 10 bilhões de dólares não será ignorado por muito mais tempo.

BOM DIA, TORRADEIRA!

Se sua geladeira nota que está faltando leite, ela pode "pedir" ao carro para lembrá-lo de comprar leite a caminho de casa. Nossos aparelhos de hoje empregam muito pouco processamento.

Uma torradeira não deveria deixar queimar o pão. Ela deveria ter a capacidade de conversar com outros aparelhos. Na realidade, seria algo bem simples estampar em sua torrada matinal o preço de fechamento de sua ação favorita. Antes, porém, é necessário conectar a torradeira ao noticiário.

É provável que você tenha hoje em casa mais de uma centena de microprocessadores. Mas eles não estão unificados. O mais integrado dos sistemas domésticos é provavelmente o sistema de alarme, e, em alguns casos, o controle remoto das luzes e de pequenos aparelhos. As cafeteiras podem ser programadas para torrar e fazer café fresco antes de você se levantar. Contudo, se você coloca seu despertador para tocar 45 minutos mais tarde do que o habitual, vai tomar um café horrível ao se levantar.

A falta de comunicação eletrônica entre os aparelhos resulta, entre outras coisas, em interfaces bastante primitivas e peculiares em cada um deles. À medida que, por exemplo, a fala for se transformando no modo predominante de interação entre as pessoas e as máquinas, pequenos acessórios também precisarão falar e ouvir. Contudo, não se pode esperar que cada um deles disponha da capacidade plena de produzir e compreender a linguagem falada. Eles terão de comunicar-se entre si e compartilhar dos recursos de que dispõem.

É tentadora a adoção de um modelo centralizador para esse compartilhamento, e algumas pessoas já sugeriram que tenhamos "caldeiras de informação" em nossos porões — um computador central que gerencie a entrada e saída de dados. Suspeito que não seja isso o que vai acontecer; tal função será muito mais distribuída por uma rede de aparelhos, inclusive um que seja um campeão na produção e no reconhecimento da fala. Se, juntos, sua geladeira e seu armário mantiverem um controle sobre o estoque de comida mediante a leitura dos códigos de barra, somente um deles precisará saber interpretá-los.

Em inglês, os termos *white goods* e *brown goods* [ao pé da letra, "bens brancos" e "bens marrons"] são empregados para diferenciar os aparelhos de cozinha que colocamos sobre a pia ou algum móvel, como as torradeiras e os liqüidificadores, daquelas máquinas maiores, em geral embutidas, como as geladeiras e as lavadoras de pratos. Essa divisão clássica não inclui eletrodomésticos que lidam com informação, o que precisa mudar, pois ambos os tipos, brancos e marrons, serão cada vez mais consumidores e produtores de informação.

O futuro provável de todo e qualquer aparelho é transformar-se num PC reduzido ou incrementado. Uma das razões para que se caminhe nessa direção é tornar os aparelhos mais amigáveis, mais fáceis de usar e auto-explicativos. Pense um pouco em quantos aparelhos você tem (forno de microondas, máquina de fax, telefone celular) cujas funções (algumas inúteis) compõem um vocabulário gigantesco, o qual você não se deu ao trabalho de aprender apenas porque é demasiado difícil. É aí que o processamento embutido pode ajudar bastante, fazendo muito mais do que apenas garantir que o microondas não transforme seu queijo *brie* numa poça. Os aparelhos devem ser bons instrutores.

A idéia do manual de instruções é algo obsoleto. O fato de os fabricantes de software e hardware os despacharem juntamente com o produto não passa de uma perversidade. Nada pode instruí-lo melhor sobre como usar a máquina do que a própria máquina. Ela sabe o que você está fazendo, o que acabou de fazer e pode até adivinhar o que você fará em seguida. Transformar essa consciência da máquina num conhecimento de suas próprias operações representa um passo pequeno para a ciência da computação, mas um enorme passo adiante e para longe do manual impresso que você nunca sabe onde está e raramente entende.

Adicione-lhe alguma familiaridade com suas características pessoais (você é canhoto, tem problema de audição e pouca paciência com coisas mecânicas), e a máquina pode se tornar uma assistente muito melhor no tocante a suas próprias operações e manutenção do que qualquer documento. Os aparelhos de amanhã não virão com quaisquer instruções impressas (a não ser pelo "este lado para cima"). O "termo de garantia" deverá ser enviado eletronicamente para o fabricante pelo próprio aparelho, tão logo ele sinta que foi instalado de forma satisfatória.

CARROS INTELIGENTES

Hoje, o custo dos componentes eletrônicos de um carro moderno excede o do aço empregado na sua fabricação. Já são mais de cinqüenta microprocessadores. Isso não significa, porém, que todos tenham sido empregados de modo muito inteligente. Você pode acabar se sentindo um idiota quando aluga um belo carro europeu, enfrenta uma fila enorme para abastecer e, quando chega sua vez, percebe que não sabe como destravar eletronicamente a tampa do tanque de gasolina.

O rádio inteligente, o controle de energia e um painel de informações constituirão a população predominante em termos de dispositivos digitais nos carros. Além disso, eles gozarão de um benefício muito particular da vida digital: saberão onde estão.

Avanços recentes nas áreas de mapeamento e rastreamento tornam possível localizar a posição de um carro num modelo de computador contendo todas as estradas. A localização de todas as estradas dos Estados Unidos cabe num único CD-ROM. Com o auxílio dos satélites, do *loran* [*long-range navigation*] ou do *dead reckoning* (a técnica de se descobrir a posição do carro computando-se seus movimentos a partir de um ponto conhecido previamente) — ou ainda de uma combinação dessas três técnicas de rastreamento —, os carros podem ser localizados com uma margem de erro de poucos metros. Muita gente se lembra do Aston Martin de James Bond, no qual um monitor de computador situado no painel entre ele e o banco do passageiro (no caso, passageira) exibia um mapa de onde ele estava e para onde estava indo. Hoje, isso é um produto comercial já de boa aceitação e com um número de usuários cada vez maior. Nos Estados Unidos, ele foi lançado pela Oldsmobile, em 1994.

Contudo, há um pequeno problema. Muitos motoristas, sobretudo os de mais idade, encontram dificuldade em refocalizar o olhar com rapidez. É difícil para eles passar da observação de um objeto no infinito para outro a menos de um metro (e prosseguir nessa alternância). E, pior do que isso: alguns de nós precisam de óculos para ver um mapa, o que nos transforma num mr. Magoo do volante. Uma maneira muito melhor de prestar essa assistência na navegação é por intermédio da voz.

Já que você não utiliza seus ouvidos para dirigir um carro, eles oferecem um canal ideal para dizer-lhe quando virar, o que procurar e avisá-lo de que, se vir uma determinada coisa, é porque você já passou faz tempo do lugar que queria. Enunciar esse tipo de orientação constitui um desafio difícil (o que explica por que razão os seres humanos fazem isso tão mal). Uma estrada é terreno fértil para ambigüidades. "Pegue a próxima à direita" é uma informação perfeitamente clara, se o cruzamento está a dezenas de metros de distância. À medida, porém, que você se aproxima dele, a "próxima à direita" será aquela da qual você já está próximo ou a seguinte?

Embora seja possível produzir bons "co-pilotos" digitais em termos de voz, é improvável que esse conceito chegue logo ao mercado americano. Em vez disso, o que vai aparecer é exatamente o que James Bond tinha — seja essa opção certa ou errada, segura ou não. E a razão para tanto é ridícula: se o carro dá a você uma informação falada baseada num mapeamento incorreto, fazendo você entrar na contramão por uma via de mão única e bater, adivinhe quem será responsabilizado judicialmente por isso. Por outro lado, se o mesmo acontece em função de um mapa que você consultou, o problema é seu. Na Europa, possuidora de um pensamento mais esclarecido no tocante às responsabilidades e às contendas judiciais, a Mercedes Benz está lançando este ano um sistema de navegação por voz.

Tais sistemas não se limitarão a levá-lo de A a B. Novos mercados especializados surgirão para os guias turísticos acústicos ("à sua direita, vemos a casa onde nasceu...") e as informações sobre comida e hospedagem ("reservei um quarto para você num ótimo hotel, próximo à Saída 3"). Na verdade, quando seu carro inteligente do futuro for roubado, ele será capaz de ligar para você e dizer exatamente onde está. Talvez até mesmo com uma voz assustada.

PERSONA DIGITAL

Um dos motivos da impopularidade dos carros que falam é que eles possuem uma personalidade ainda menos marcante do que a de um cavalo-marinho.

Em geral, a opinião que fazemos da personalidade de um computador provém de todas as coisas que ele faz mal. Uma vez, rolei de rir quando meu corretor ortográfico deparou com um *aslo* em meu estilo disléxico e, em vez de *also*, orgulhosamente sugeriu *asshole* como a grafia correta.

Pouco a pouco, os computadores estão adquirindo personalidade. Um exemplo pequeno, mas bastante antigo, é o software de comunicação da Hayes, o Smartcom, que exibe um pequeno telefone dotado de um rosto. Os dois olhos voltam-se para uma lista contendo cada passo do processo de conexão e, à medida que o computador vai concluindo um e iniciando outro, os olhos acompanham, movimentando-se para baixo na lista. Ao final, se a troca de sinais [*handshaking*] foi bem-sucedida, o rosto sorri; do contrário, franze a sobrancelha.

Isso não é tão fútil quanto parece. A persona de uma máquina torna-a divertida, relaxante, manejável, amigável e menos "mecânica" em espírito. Treinar um novo computador pessoal é algo que vai ficar mais parecido com ensinar um cachorrinho em casa. Você poderá comprar módulos de personalidade contendo o comportamento e o estilo de vida de personagens fictícias. Poderá comprar uma personalidade do tipo Larry King para a interface do seu jornal. E as crianças talvez queiram navegar pela Internet na companhia de Walt Disney.

Não estou sugerindo que você seja interrompido no meio da redação de uma importante mensagem por piadinhas infames. Estou apenas dizendo que o estilo de interação pode ser muito mais rico do que o ruído de cliques, as vozes de lata ou o piscar repetitivo das mensagens de erro. Nós teremos sistemas bem-humorados, capazes de brincar com o usuário, e até mesmo sistemas tão rígidos e disciplinadores quanto uma babá da Baviera.

18

OS NOVOS E-XPRESSIONISTAS

O PINTOR DE FIM DE SEMANA REVISITADO

Um desenho de criança pregado na geladeira é algo tão americano quanto a torta de maçã. Nós estimulamos nossos filhos a se expressarem e a fazerem coisas. Então, quando eles chegam aos seis ou sete anos de idade, subitamente mudamos nosso comportamento, deixando neles a impressão de que aula de pintura é algo tão extracurricular quanto beisebol, e muito menos importante do que, digamos, inglês ou matemática. Ler, escrever e somar é o que devem aprender os meninos e meninas que querem ser alguém na vida e fazer alguma coisa. Ao longo dos vinte anos seguintes, damos alimentação forçada ao lado esquerdo de seus cérebros, deixando minguar o direito até o tamanho de uma ervilha.

Seymour Papert conta uma estória sobre um cirurgião de meados do século XIX transportado por mágica para uma moderna sala de operação. Ele não reconheceria coisa alguma, não saberia o que fazer ou como ajudar. A tecnologia moderna teria transformado por completo a prática da medicina cirúrgica, tornando-o incapaz de reconhecê-la. Mas se um professor de escola primária de meados do século XIX fosse transportado pela mesma máquina do tempo para uma sala de aula atual, ele poderia dar prosseguimento às aulas do ponto em que seu colega de final de século XX as houvesse deixado, a não ser por um ou outro detalhe no conteúdo das matérias. Há poucas diferenças fundamentais entre a maneira como ensinamos hoje e aquela como o fazíamos há 150 anos. O emprego da tecnologia encontra-se quase no mesmo nível. Na verdade, de acordo com pesquisa recente do ministério da Educação americano, o U. S. Department of Education, 84% dos nossos professores só consideram absolutamente "essencial" um tipo de tecnologia da informação: uma fotocopiadora com um suprimento adequado de papel.

Não obstante, estamos por fim nos afastando de um modelo linha dura de ensino — que tem atendido primordialmente a crianças compulsivamente serialistas —, rumo a um outro mais arejado, que não traça linhas tão claras entre a arte e a ciência ou entre os lados direito e esquerdo do cérebro. Quando uma criança utiliza uma linguagem de computador como Logo para fazer um desenho no seu monitor, essa imagem é uma expressão artística e matemática ao mesmo tempo, podendo ser vista por qualquer um desses prismas. Até mesmo algo abstrato como a matemática pode hoje valer-se de elementos concretos das artes visuais.

Os computadores pessoais tornarão nossa futura população adulta a um só tempo matematicamente mais capacitada e visualmente mais versada. Daqui a dez anos, é provável que nossos adolescentes estejam desfrutando de um panorama mais rico de opções, pois a busca do sucesso intelectual não penderá tanto para o lado do rato de biblioteca, mas, em vez disso, oferecerá uma gama mais ampla de estilos cognitivos, padrões de aprendizado e formas de expressão.

A fronteira entre o trabalho e o divertimento sofrerá uma ampliação radical. A linha clara que separa prazer e dever vai se diluir graças a um denominador comum: a vida digital. O pintor de fim de semana é um símbolo de uma nova era de oportunidades e de respeito pela diversão criativa — fazendo coisas e expressando-se por toda a vida. Hoje, quando aposentados põem-se a pintar aquarelas, é como um retorno à infância, proporcionando recompensas muito diferentes daquelas que lhes proporcionaram os anos transcorridos desde então. Amanhã, gente de todas as idades desfrutará de uma continuidade mais harmoniosa em sua vida, pois cada vez mais as ferramentas de trabalho serão idênticas aos brinquedos. As paletas do prazer e do dever, da auto-expressão e do trabalho em grupo serão mais semelhantes.

Um excelente exemplo constituem os *hackers*, desde os mais jovens até os mais velhos. Seus programas são como pinturas surrealistas, dotadas ao mesmo tempo de qualidade artística e excelência técnica. Seu trabalho é discutido tanto em termos de estilo quanto de conteúdo, em seu significado e seu desempenho. O comportamento desses programas de computador exibe um novo tipo de estética. Os *hackers* são os precursores dos novos e-xpressionistas.

A ATRAÇÃO DA MÚSICA

A música demonstrou ser uma das mais importantes forças modeladoras da ciência da computação.

Pode-se contemplá-la de três pontos de vista complementares e muito estimulantes. O primeiro deles é o do processamento digital do sinal — os problemas dificílimos apresentados pela separação do som, por exemplo (como eliminar de uma gravação o som de uma lata de Coca-Cola que caiu no chão). O segundo é o da percepção musical — como interpretar a linguagem da música, o que determina sua apreciação e de onde vem a emoção. E, por fim, a música pode também ser encarada como expressão artística e como uma narrativa — a história que ela conta e os sentimentos que desperta. Todos esses pontos de vista são importantes por si sós, conferindo ao terreno musical a qualidade da paisagem intelectual perfeita para o movimento gracioso entre tecnologia e expressão, ciência e arte, o privado e o público.

Se você perguntar a um auditório lotado de estudantes de computação quantos deles tocam um instrumento musical ou quantos consideram possuir um interesse sério pela música, você verá a maioria das mãos levantando-se. O parentesco tradicional entre a música e a matemática manifesta-se de forma surpreendente na computação contemporânea e na comunidade dos *hackers*. O próprio Media Lab atrai alguns de seus melhores estudantes graças a sua música.

Atividades secundárias das crianças como a arte e a música, desestimuladas de modo intencional ou não pelos pais e pela sociedade — ou então vistas apenas como uma válvula de escape para a pressão pelo sucesso escolar —, poderiam moldar a lente através da qual as crianças vêem e exploram campos inteiros do conhecimento até hoje apresentados de uma única e mesma maneira. Na escola, eu não gostava de história, mas posso datar praticamente qualquer coisa a partir dos marcos na arte e na arquitetura, ainda que nada saiba de política ou de guerras. Meu filho herdou minha dislexia e, não obstante, é capaz de ler avidamente, do início ao fim, revistas sobre *wind-surf* e esqui. Para algumas pessoas, a música pode ser a maneira de estudar matemática, aprender física e entender antropologia.

O problema é: como aprendemos música? No século passado e no início deste, tocar música na escola era algo comum. A tecnologia de gravação refreou essa prática. Somente há muito pouco tempo as escolas retornaram à prática de ensinar música mediante sua execução, e não apenas por intermédio da mera audição. O uso dos computadores para o ensino de música a crianças de pouca idade é um exemplo perfeito de como são benéficos, proporcionando grande variedade de portas de acesso a ela. O computador não restringe o acesso à música apenas às crianças talentosas. Os jogos musicais, os tipos de dados sonoros e a possibilidade intrínseca de manipulação do áudio digital são apenas alguns dos muitos mecanismos por intermédio dos quais uma criança pode experimentar o mundo da música. E a criança com pendores para as artes visuais pode inclusive querer inventar meios para vê-la.

ARTE COM "E" MAIÚSCULO

Num primeiro encontro, os computadores e a arte podem trazer à tona o pior de cada um. Um dos motivos disso é que a personalidade da máquina pode ser demasiado vigorosa, subjugando aquilo que se pretendeu exprimir, como acontece com freqüência na arte holográfica e nos filmes em 3-D. A tecnologia pode ser como pimenta-malagueta num molho francês. O tempero do computador pode sufocar os sinais mais sutis da arte.

Não surpreende, pois, que a colaboração entre os computadores e a arte tenha se mostrado mais eficaz na música e nos palcos, em que as tecnologias da execução, disseminação e fruição de uma obra de arte podem se mesclar com mais facilidade. Compositores, artistas e público podem aí, todos eles, exercer o controle digital. Se Herbie Hancock lançasse sua próxima obra na Internet, isso não seria apenas como tocar para um teatro de 20 milhões de lugares: cada ouvinte poderia transformar a música em função de sua situação pessoal. Para alguns, isso talvez signifique apenas uma alteração no volume; para outros, a transformação da música em karaokê; e para outros ainda, a modificação da orquestração.

A superestrada digital vai transformar a arte acabada e inalterável em coisa do passado. Perto disso, o número de bigodes colocados na Mona Lisa é brincadeira de criança. Nós veremos uma séria manipulação digital de expressões artísticas supostamente acabadas percorrendo a Internet, o que não é necessariamente ruim.

Estamos entrando numa era na qual a expressão poderá ser mais participativa e viva. Teremos a oportunidade de distribuir e experimentar ricos sinais sensoriais, e de fazê-lo de maneiras que diferem muito da contemplação da página de um livro e que são mais acessíveis do que viajar até o Louvre. Os artistas acabarão por ver na Internet a maior galeria do mundo para suas obras, e um meio de divulgá-las diretamente para o público.

A verdadeira oportunidade aí contida decorrerá do artista digital oferecer ele próprio os atrativos para a mudança e a transformação. Embora isso possa soar como a total vulgarização de ícones culturais importantes — algo como transformar todos os Steichen em cartões-postais ou cada Warhol em *clip art* —, o importante é que a digitalização permite a transmissão não apenas do produto, mas do *processo* também. Tal processo pode ser a fantasia e o êxtase de uma única mente, pode ser a imaginação coletiva de muitos ou pode ser a visão de um grupo revolucionário.

UM SALON DES REFUSÉS

O projeto original do Media Lab era levar a pesquisa tanto da interface humana quanto da inteligência artificial para novos rumos. A idéia era moldá-las a partir do conteúdo dos sistemas de informação, das exigências dos aplicativos para o mercado consumidor e da natureza do pensamento artístico. Tal idéia foi vendida para as indústrias da televisão, da editoração e da informática como o ponto de convergência entre a riqueza sensorial do vídeo, a profundidade informativa da palavra impressa e a interatividade intrínseca dos computadores. Soa bastante lógico hoje, mas, à época, a idéia foi considerada tola. O *New York Times* publicou que um alto membro *não identificado* do corpo docente julgava as pessoas vinculadas a esse projeto uns "charlatães".

O Media Lab encontra-se instalado num edifício projetado pelo arquiteto I. M. Pei (Pei projetou-o pouco depois da ampliação da National Gallery de Washington e pouco antes da pirâmide do Louvre, em Paris). Quase sete anos foram necessários para financiar, construir e montar a faculdade.

Como em 1863, quando o *establishment* artístico de Paris impediu que os impressionistas participassem de sua mostra oficial, os membros fundadores do Media Lab transformaram-se num Salon des Refusés com salão próprio, em alguns casos radicais demais para seus departamentos acadêmicos, em outros casos, alheios a eles e, em um caso, sem departamento algum. Além de Jerome Wiesner e de mim, o grupo era composto de um cineasta, um designer gráfico, um compositor, um físico, dois matemáticos e de uma equipe de pesquisadores que, entre outras coisas, havia alguns anos antes inventado a multimídia. Nós nos juntamos no início da década de 1980, como uma contracultura da ciência da computação estabelecida, que, à época, preocupava-se ainda com linguagens de programação, sistemas operacionais, protocolos de rede e arquiteturas de sistemas. O que nos unia não era uma disciplina, mas uma crença de que a onipresença dos computadores alteraria e afetaria de maneira radical a qualidade de vida — não apenas no campo da ciência, mas em todos os aspectos da vida cotidiana.

A época era a correta, pois os computadores pessoais estavam nascendo, a interface com o usuário começava a ser considerada um fator crucial e a indústria das telecomunicações passava por um processo de desregulamentação. Os proprietários e os administradores de jornais, revistas, editoras, estúdios cinematográficos e estações de televisão estavam começando a se perguntar o que o futuro traria. Magnatas perspicazes da mídia, como Steve Ross e Dick Munro da Time Warner, intuíam a chegada da era digital. Investir numa iniciativa lunática no MIT era um meio barato de se defender. Assim, nós crescemos rapidamente até nos tornarmos um grupo de trezentas pessoas.

Hoje, o Media Lab é o *establishment*. Os surfistas da Internet são a molecada doida do quarteirão. Os *digerati* foram além da multimídia, tornando-se algo mais próximo de um verdadeiro estilo de vida do que de um manifesto intelectual. Suas núpcias acontecem no ciberespaço. Eles chamam a si próprios de *bitniks* e *cybraians*. Sua mobilidade social abrange a totalidade do planeta. Eles constituem hoje o Salon des Refusés, mas seu salão não é um café parisiense ou um edifício projetado por I. M. Pei em Cambridge, Massachussets. Seu salão encontra-se em algum ponto da rede, vivendo sua vida digital.

Epílogo
UMA ERA DE OTIMISMO

Sou otimista por natureza. Contudo, toda tecnologia ou dádiva da ciência possui seu lado obscuro, e a vida digital não constitui exceção.

Na próxima década, veremos casos de abuso de propriedade intelectual e de invasão de nossa privacidade. Enfrentaremos o vandalismo digital, a pirataria de software e o roubo de dados. E, pior do que isso: testemunharemos a perda de muitos empregos para sistemas totalmente automatizados, que em breve vão mudar o local de trabalho dos colarinhos-brancos na mesma medida em que transformaram a paisagem nas fábricas. A noção do emprego vitalício numa única empresa já começou a desaparecer.

A transformação radical da natureza de nossos mercados de trabalho — à medida que passarmos a trabalhar menos com átomos e mais com bits — vai coincidir com a entrada *on-line* (e, literalmente, em fila) de uma força de trabalho de 2 bilhões de trabalhadores indianos e chineses. Um projetista de software autônomo em Peoria estará competindo com seu colega em Pohang. O mesmo acontecerá com um tipógrafo digital de Madri e seu correspondente em Madras. As companhias americanas já estão transferindo o desenvolvimento de hardware e a produção de software para a Rússia e para a Índia, não em busca de mão-de-obra não qualificada mais barata, mas para garantir para si uma força de trabalho intelectual altamente especializada e aparentemente disposta a trabalhar mais duro, mais rápido e de forma mais disciplinada do que os trabalhadores americanos.

À medida que o mundo dos negócios for se globalizando e a Internet crescendo, começaremos a ver um espaço digital contínuo de trabalho. Muito antes que alcancemos uma harmonia política e que as conversações no GATT sejam capazes de chegar a um acordo referente às tarifas e ao comércio de átomos (ao direito de se vender água Evian na Califórnia), os bits não terão fronteiras: serão armazenados e manipulados sem qualquer respeito a delimitações geopolíticas. Na verdade, os fusos horários vão provavelmente desempenhar um papel mais importante do que as zonas de comércio em nosso mundo digital do futuro. Posso imaginar alguns projetos de software movendo-se literalmente pelo mundo todo, de leste a oeste, 24 horas por dia, passando de uma pessoa a outra ou de um grupo a outro — um trabalhando enquanto o outro dorme. A Microsoft precisará abrir escritórios de desenvolvimento de software em Londres e Tóquio para poder produzir em três turnos.

Conforme caminhamos adiante rumo a esse mundo digital, todo um setor da população se sentirá — ou estará de fato — privado de seus direitos. Quando um metalúrgico de cinqüenta anos perde seu emprego, pode acontecer de ele — ao contrário de seu filho de 25 — não possuir qualquer capacidade de adaptação ao mundo digital. Mas quando um secretário moderno fica desempregado, é possível ao menos que ele seja versado nesse mundo, possuindo assim habilidades transferíveis.

Os bits não são comestíveis; nesse sentido, não são capazes de acabar com a fome. Os computadores, por sua vez, são amorais: não podem resolver questões complexas como as do direito à vida e à morte. Não obstante, a vida digital é algo que oferece muitos motivos para o otimismo. Assim como uma força da natureza, a era digital não pode ser negada ou detida. Ela dispõe de quatro características muito poderosas, as quais determinarão seu triunfo final: a descentralização, a globalização, a harmonização e a capacitação.

O efeito descentralizador da vida digital manifesta-se com todo o vigor no comércio e na própria indústria de informática. O assim chamado czar dos sistemas de informações gerenciais (MIS, *Management Information Systems*), que costumava reinar sobre um mausoléu de vidro e ar-condicionado, é um imperador nu, quase extinto. Aqueles que sobrevivem, em geral o fazem porque estão hierarquicamente acima de qualquer um que possa demiti-los, e o conselho diretor da empresa ou está alheio ou então dormindo ou ambas as coisas.

A Thinking Machines, uma empresa de supercomputadores grande e criativa iniciada por um gênio da engenharia elétrica, Danny Hillis, desapareceu depois de dez anos de atividades. Nesse curto espaço de tempo, ela apresentou o mundo às arquiteturas de processamento maciçamente paralelo. Seu desaparecimento não ocorreu devido a má administração ou a uma engenharia precária de sua assim chamada Connection Machine. A empresa extinguiu-se porque paralelismo é algo que podia ser descentralizado; as mesmas arquiteturas em paralelo de repente tornaram-se possíveis alinhavando-se computadores pessoais de baixo custo produzidos em massa.

Embora isso não tenha constituído uma boa notícia para a Thinking Machines, trata-se de uma mensagem importante para todos nós, tanto em seu sentido literal quanto no metafórico. Seu significado é que a empresa do futuro pode atender a sua necessidade de processamento de uma forma nova e modular, povoando sua organização com computadores pessoais que, quando preciso, são capazes de trabalhar em uníssono no processamento de problemas bastante complexos. Os computadores trabalharão tanto para indivíduos quanto para grupos de pessoas. Eu observo essa mesma mentalidade descentralizadora crescendo em nossa sociedade, trazida pelos novos cidadãos do mundo digital. A tradicional visão centralista da vida vai se tornar coisa do passado.

A própria nação-Estado está sujeita a uma enorme mudança no sentido da globalização. Daqui a cinqüenta anos, os governos serão ao mesmo tempo maiores e menores. Enquanto tenta se unir economicamente, a Europa está se subdividindo em entidades étnicas menores. As forças do nacionalismo tornam demasiado fácil o cinismo e a rejeição de qualquer tentativa mais ampla de unificação global. No mundo digital, porém, soluções antes impossíveis tornam-se viáveis.

Hoje, quando 20% do mundo consome 80% de seus recursos, quando um quarto de nós possui um padrão de vida aceitável e os outros três quartos não, como superar essa divisão? Enquanto os políticos lutam munidos da bagagem da história, uma nova geração está surgindo na paisagem digital, desembaraçada de muitos dos antigos preconceitos. Essa criançada está liberta da limitação imposta pela proximidade geográfica como único terreno para o desenvolvimento da amizade, da colaboração, do divertimento e da vizinhança. A tecnologia digital pode vir a ser uma força natural a conduzir as pessoas para uma maior harmonia mundial.

Esse efeito harmonizador da vida digital já é aparente, quando se considera que disciplinas e empresas antes compartimentalizadas vêem-se hoje não competindo, mas colaborando umas com as outras. Surge uma língua comum, outrora inexistente, permitindo às pessoas se entenderem independentemente das fronteiras. As crianças na escola têm hoje a oportunidade de examinar uma mesma coisa de muitas perspectivas diferentes. Um programa de computador, por exemplo, pode ser visto tanto como um conjunto de instruções quanto como um poema concreto, formado pelos espaços que antecedem seus comandos em seu texto. O que as crianças estão aprendendo muito rapidamente é que conhecer um programa é conhecê-lo de muitos pontos de vista, e não apenas de um único.

Mais do que de qualquer outra coisa, porém, meu otimismo provém da capacitação que a vida digital propicia. O acesso, a mobilidade e a capacidade de produzir a mudança são os fatores que tornarão o futuro tão diferente do presente. A superestrada da informação pode ser hoje em grande parte fogo de palha, mas é um indício do que vai acontecer amanhã. E ela superará as previsões mais desvairadas. À medida que as crianças se apropriarem de um recurso de informação global, e à medida que descobrirem que só os adultos precisam de licença para aprender, nós com certeza encontraremos uma nova esperança e dignidade em lugares onde ambos existiam apenas em pequena medida.

Meu otimismo não é alimentado pela antevisão de alguma invenção ou descoberta. Encontrar uma cura para o câncer e para a AIDS, descobrir uma forma aceitável de controle populacional ou inventar uma máquina capaz de respirar o nosso ar, beber nossos oceanos e devolvê-los depois, livres da poluição, são sonhos que podem ou não se realizar. A vida digital é outra coisa. Não estamos esperando por uma qualquer invenção. Ela está aí. Agora. E é quase genética em sua natureza, pois cada geração vai se tornar mais digital do que a anterior.

Os bits de controle desse futuro digital estão mais do que nunca nas mãos dos jovens. Nada seria capaz de me deixar mais feliz do que isso.

AGRADECIMENTOS

Em 1976, escrevi uma proposta para o National Endowment of the Humanities [Fundo Nacional para as Humanidades] descrevendo um sistema multimídia de acesso aleatório que permitiria a seus usuários conversar com artistas já falecidos. O então presidente do MIT, dr. Jerome B. Wiesner, leu essa proposta maluca, pois o montante do financiamento exigia sua assinatura. Em vez de descartá-la como louca, ele se ofereceu para ajudar, percebendo que eu estava completamente desinformado sobre, entre outras coisas, processamento de linguagem natural.

Foi o início de uma grande amizade. Comecei a trabalhar com videodiscos óticos (bastante analógicos à época). Wiesner pressionava por uma lingüística mais sofisticada e por um comprometimento maior com a arte. Por volta de 1979, nós nos convencemos — e ao MIT — a construir o Media Lab.

Durante os cinco anos seguintes, viajamos centenas de milhares de quilômetros por ano, por vezes passando mais noites juntos por mês do que com nossas famílias. Para mim, essa oportunidade de aprender com Wiesner e de ver o mundo através de seus olhos e daqueles de seus muitos amigos brilhantes e famosos foi uma escola. O Media Lab fez-se global porque Wiesner o era, e valorizou as artes e a ciência rigorosa porque era assim que ele agia.

Wiesner morreu um mês antes do término deste livro. Até seus últimos dias de vida, ele queria conversar sobre os problemas da "vida digital" e sobre seu otimismo cauteloso a respeito. Ele se preocupava com os abusos aos quais a Internet estaria exposta pelo acesso mais amplo e com o desemprego numa era digital que toma empregos e pode não ter muitos a oferecer. Mas sempre acabava por tomar o partido do otimismo, mesmo quando o otimismo quanto a sua saúde e bem-estar rapidamente arrefeceu. Sua morte, em 21 de outubro de 1994, marcou a transferência para muitos de nós no MIT da responsabilidade de fazer pelos jovens o que ele fez por nós. Bem, Jerry, vamos fazer de tudo para seguir seu exemplo.

O Media Lab teve início também com três outras grandes figuras às quais devo um agradecimento especial, por tudo o que me ensinaram: Marvin L. Minsky, Seymour A. Papert e Muriel R. Cooper.

Marvin é o sujeito mais inteligente que conheço. Seu humor desafia qualquer descrição, e pode-se dizer que ele é o mais importante cientista da computação vivo. Gosta de citar Samuel Goldwyn: "Não dê atenção aos críticos. Nem mesmo os ignore".

Seymour começou trabalhando com o psicólogo Jean Piaget em Genebra e, pouco depois, tornou-se co-diretor do AI Lab no MIT, na companhia de Minsky. Trouxe, assim, para o Media Lab um profundo entendimento tanto das ciências humanas quanto das ciências do artificial. Como ele costuma dizer: "Não se pode pensar em pensar sem pensar em pensar sobre alguma coisa".

Muriel Cooper trouxe a terceira peça do quebra-cabeças: as artes. Em termos de design, ela era a força primordial do Media Lab, tendo tomado algumas das mais estáveis hipóteses de trabalho no âmbito dos computadores pessoais — como, por exemplo, as janelas — e as explodido com questionamentos, experiências e protótipos alternativos. Sua morte trágica e inesperada, em 26 de maio de 1994, abriu uma enorme fenda na própria essência e alma do Media Lab.

O Media Lab foi formado em parte pelo Architecture Machine Group (1968-82), onde se deu grande parte do meu aprendizado, juntamente com um núcleo de colegas. Devo muitos agradecimentos a Andy Lippman, que tem cinco idéias patenteáveis por dia e é o provável autor de muitas frases contidas neste livro. Ele sabe mais do que qualquer um sobre televisão digital.

Outros conhecimentos, mais antigos, eu os adquiri com Richard A. Bolt, Walter Bender e Christopher M. Schmandt, todos eles anteriores ao Media Lab, quando tínhamos dois pequenos laboratórios, seis escritórios e um gabinete. Foram os anos em que éramos considerados "charlatães" e, como tais, os anos dourados. Mas, para que fossem dourados, tínhamos de ser descobertos.

Marvin Denicoff, do Departamento de Pesquisa Naval, é para a ciência da computação o que os Medici foram para a arte renascentista: ele financiava pessoas com idéias ousadas. Por ser ele próprio um dramaturgo, Marvin influenciou nossa pesquisa no sentido de incluir nela o cinema interativo, e isso anos antes que pudéssemos fazê-lo por conta própria.

Quando Craig Fields, o equivalente de Denicoff na ARPA, percebeu a inexistência no mercado dos produtos eletrônicos de consumo americanos, ele tomou medidas audazes para fazer avançar a idéia de uma TV-computador. A influência de Craig foi tão grande que lhe custou o emprego, porque, à época, sua abordagem contràriava a política industrial (ou a falta desta) da administração federal. Naqueles anos, porém, ele financiou a maioria das pesquisas que conduziram àquilo que hoje chamamos de multimídia.

No início da década de 1980, nós nos voltamos para o setor privado em busca de apoio, sobretudo para a construção daquele que veio a ser chamado de Edifício Wiesner — uma construção de 50 milhões de dólares. A extraordinária generosidade de Armand e Celeste Bartos permitiu o início e a conclusão do processo de tornar realidade o Media Lab. Paralelamente a isso, tínhamos de fazer novos amigos nas grandes empresas.

Esses novos amigos foram sobretudo pessoas que nos municiaram de novos conteúdos, que jamais haviam trabalhado com o MIT, mas que sentiram (no início da década de 1980) que seu futuro estava sendo determinado pela tecnologia. Uma exceção constituiu o dr. Koji Kobayashi, então presidente e executivo-chefe da NEC. Graças a seu apoio inicial e confiança na visão dos computadores e das comunicações, outras companhias japonesas rapidamente fizeram o mesmo.

No processo de obtenção do patrocínio de 75 empresas que temos hoje, conheci muitas figuras — no melhor sentido da palavra. Hoje, os alunos do Media Lab compõem, dos grupos de estudantes que conheço, o que mais tem oportunidade de bater papo com executivos-chefes. Nós aprendemos com todos esses visitantes, mas três deles distinguem-se bastante dos demais: John Sculley, ex-Apple; John Evans, executivo-chefe da News Electronic Data; e Kazushiko Nishi, executivo-chefe da ASCII Corp.

Devo, ademais, um agradecimento especial a Alan Kay, da Apple, e a Robert W. Lucky, da Bellcore. Como nós três somos membros do Vanguard Group da CSC, desenvolvi muitas das idéias contidas neste livro graças às visões de ambos. Kay me lembra: "Alternância de pontos de vista vale cinqüenta pontos de QI". Lucky foi o primeiro a perguntar: "Será que um bit é mesmo um bit?".

Laboratórios não são feitos apenas de idéias. Sou extremamente grato a Robert P. Greene, diretor associado de administração e finanças, que trabalha comigo há mais de doze anos. Posso me encrencar em busca de novos modelos de pesquisa e viajar sem parar apenas por causa de sua dedicação e da total confiança que as pessoas do Media Lab e da administração do MIT têm nele.

No âmbito do ensino, Stephen A. Benton assumiu uma organização acadêmica cheia de excessos e deu-lhe uma forma e um caráter até julho passado, quando passou o posto para seu sucessor: Whitman Richards.

Victoria Vasillopulos administra meu escritório e a mim, dentro e fora do MIT, em casa e no trabalho. Este livro sugere que a vida digital mescla casa e escritório, trabalho e divertimento, e é verdade. Victoria é prova disso. Estamos ainda muito longe de possuir agentes de computadores verdadeiramente inteligentes, de modo que dispor de um excelente agente humano é importante (e um privilégio). Quando sumi de vista para terminar este livro, o trabalho de Victoria consistiu em não deixar que alguém percebesse. Graças a ela e à ajuda de suas assistentes, Susan Murphy-Bottari e Felice Napolitano, poucos notaram.

A feitura do livro em si envolve todo um conjunto à parte de agradecimentos. Antes de mais nada, quero agradecer a minha agente em Nova York, Kathy Robbins. Eu a conheci há mais de dez anos e, à época, assinei um contrato com ela para me tornar um de seus "autores". Ao longo de toda a década que se seguiu estive tão ocupado construindo o Media Lab que não tive tempo sequer de pensar em um livro. Kathy teve uma paciência infinita, incitando-me com regularidade, mas sempre com extrema gentileza.

Ao lançar a revista *Wired*, Louis Rossetto e Jane Metcalfe foram brilhantes na escolha do momento de pôr em prática sua idéia de fazer uma revista sobre o estilo de vida do mundo digital. Meu filho, Dimitri, ajudou bastante a me envolver nesse projeto, pelo que lhe sou grato. Eu nunca tinha escrito uma coluna na minha vida. Algumas foram fáceis de fazer, outras difíceis. Todas, porém, foram editadas com graça e elegância por John Batelle. As pessoas me mandaram muitas mensagens de grande auxílio. As entusiasmadas superaram as violentas, mas todas elas foram muito pertinentes.

Quando procurei Kathy Robbins com a idéia de transformar num livro as dezoito colunas publicadas na *Wired*, a resposta que obtive deixa-se ilustrar melhor pela imagem da língua de um sapo diante de uma barata d'água. Slllãp. Pronto. Idéia engolida e contrato assinado em menos de 24 horas. Fui levado até a Knopf e apresentado a seu presidente, Sonny Mehta, e a meu editor, Marty Asher. Marty havia acabado de descobrir a America Online (sim, ele tem dois filhos adolescentes), e este se tornou o nosso canal de comunicação. Sua filha o ajudou a imprimir o material à distância. Marty tornou-se digital bastante rápido.

Palavra por palavra, idéia por idéia, ele cuidou do meu estilo disléxico, transformando-o em alguma coisa um passo além do alcance das balas. Durante muitos dias, Marty e eu fomos como crianças no colégio, virando a noite para escrever um trabalho final.

Depois, Russ Neuman, Gail Banks, Alan Kay, Jerry Rubin, Seymour Papert, Fred Bamber, Michael Schrag e Mike Hawley leram os originais, para comentá-los e apontar erros.

Neuman verificou se eu não havia escrito nenhum *policy* em lugar de *politics*. Banks leu o manuscrito como um revisor profissional e um neófito profissional, anotando quase todas as páginas do livro. Kay encontrou atribuições equivocadas e torceu o nariz para as passagens em que havia uma quebra muito grande da seqüência, contribuindo com a sabedoria pela qual é tão conhecido. Papert examinou a estrutura como um todo e reorganizou o começo do livro. Schrag (que tem dezesseis anos) encontrou muitos erros no texto que o preparador não vira, sobretudo um erro de digitação: 34 800 baud, em vez de 38 400 — um erro que ninguém teria descoberto! Bamber fez as vezes do leitor cobaia. Rubin ateve-se ao exame da linguagem coloquial e da norma culta. Hawley resolveu ler o livro de trás para frente, que é como ele lê música (aparentemente), para ter certeza de que vai tocar bem ao menos o final de uma peça.

Por fim, tenho de agradecer a meus pais extraordinários, que, além de amor e afeição, me proporcionaram duas coisas em quantidades infinitas: educação e viagens. No meu tempo, você não tinha outra escolha a não ser mover seus átomos. Aos 21 anos, senti que já conhecia o mundo. Embora isso não fosse verdade, pensar assim ajudou-me a adquirir suficiente confiança para ignorar os críticos. Por isso, sou muito grato a eles.

ÍNDICE REMISSIVO

1ª EDIÇÃO [1995]
2ª EDIÇÃO [1995] 7 reimpressões

ESTA OBRA FOI COMPOSTA PELA HELVÉTICA EDITORIAL EM ENGLISH TIMES
E IMPRESSA PELA RR DONNELLEY AMÉRICA LATINA EM OFSETE SOBRE PAPEL
PÓLEN SOFT DA COMPANHIA SUZANO PARA A EDITORA SCHWARCZ
EM JUNHO DE 2003